LOUISE MARTIN

# MALLORCA

## • KOCHBUCH •

Email: info@edition-lunerion.de
www.edition-lunerion.de



Psiana eCom UG
Berumer Str. 44
26844 Jemgum

# Vorwort

Kein Urlaubsziel liegt den Deutschen so am Herzen wie ihre Lieblingsinsel Mallorca: Ob Wandern, Strandurlaub oder Partytrip, auf Mallorca werden alle glücklich. Das gilt auch für den Essgenuss – und um die kulinarische Seite der Ferieninsel zu erleben, müssen Sie nicht mal in den Flieger steigen, sondern zaubern mit diesem Kochbuch Urlaubsflair pur in Ihre Küche.

Frisches Gemüse, feiner Fisch, raffinierte Meeresfrüchte und reichlich wertvolles Olivenöl: Die Küche Mallorcas punktet mit Vielfalt genauso wie mit Geschmack und zählt zu den als besonders gesund geltenden mediterranen Speisetraditionen. Herrlich sommerliche Gerichte machen satt, ohne zu beschweren, doch auch deftig-sättigende Fleisch- und Eintopfgerichte stehen auf Mallorca auf dem Programm. So kommen Veggies, Fleischfreunde und Fischfans genauso auf ihre Kosten wie Freunde der leichten Fitness-Küche – und dank verführerischer Dessertspezialitäten läuft auch Naschkatzen das Wasser im Munde zusammen. Die unkomplizierten Gerichte sind nicht nur alltagstauglich, sondern gelingen auch Anfängern am Herd problemlos, und vom kleinen Snack bis zum reichhaltigen Menü ist hier für jeden Hunger etwas dabei.

*Guten Appetit!*

# INHALT

# Wissenswertes

Mallorca ist eine Insel der Balearen und ein äußerst beliebtes Urlaubsziel der Deutschen. Nicht umsonst trägt die Insel den Beinamen „17. Bundesland von Deutschland". Alle Baleareninseln gehören zu Spanien. Die Hauptstadt ist Palma, gesprochen wird Spanisch und Katalanisch. Mallorca hat gut 900.000 Einwohner, wovon fast die Hälfte in der Hauptstadt Palma lebt.

Mallorca verfügt über ein subtropisches Klima. Die milden und feuchten Winter fallen nur kurz aus, weshalb Mallorca auch vielen deutschen Auswanderern als Residenz dient. Im Sommer ist kaum mit Niederschlag zu rechnen und die Temperaturen können die 40-°C-Marke überschreiten.

Auf Mallorca sind viele deutsche Auswanderer zu finden. Zudem haben sich auch einige prominente Persönlichkeiten hier niedergelassen. So leben zum Beispiel Daniela Katzenberger, Rafael Nadal, Jürgen Drews, Til Schweiger, Michael Douglas, Boris Becker und viele weitere auf der Insel.

Die ersten Bewohner Mallorcas waren vermutlich Völker des Mittelmeerraumes. Eine erste Besiedelung soll etwa 4.000 v. Chr. stattgefunden haben. Die Menschen kamen aus dem heutigen Südfrankreich und von der Iberischen Halbinsel hierher. Ab 500 v. Chr. wurde der Einfluss weiterer mediterraner Völker größer.

Die Einwohner wurden in die Kriege gegen Rom hineingezogen. Die balearischen Söldner wurden damals „Els Foners Balears" genannt. Dies bedeutet so viel wie „Steinschleuderer". Diese Kampftechnik scheint einen dermaßen großen Eindruck hinterlassen zu haben, dass sich der Name „Balearen" für die gesamte Inselgruppe bis heute erhalten hat.

Erst seit 1983 sind die Balearen wieder ein autonomes Territorium. Nun durften sich die Einwohner auch wieder in ihrer eigenen Sprache, dem Mallorquin, verständigen.

# EINKAUFSLISTE

- **Chorizo-Wurst** spanische Wurst, scharf gewürzt
- **Aiwar** Gewürzpaste
- **Sobrasada** Paprikastreichwurst, Spezialität der Balearen
- **Bomba Reis** spanische Reissorte

# Frühstück

Das Frühstück der Mallorquiner fällt in der Regel dürftig aus. Ein paar Kekse, ein Croissant sowie Kaffee genügen meist. Als Frühstück können verschiedene Speisen aus dem Kapitel „Snacks und Fingerfood“ dienen. Spezielle Rezepte sind hier deshalb nicht aufgeführt.

# Salate

TREMPO |

# SOMMERSALAT

6 Port. | 30 Min. | Leicht

**Zutaten**

500 g Gemüsezwiebeln
1 kg Tomaten
1 Dose Thunfisch (alternativ Ölsardinen)
2 Paprika, grün
2 EL Essig
3 EL Olivenöl
Petersilie, nach Belieben
Salz & Pfeffer, nach Belieben

**Nährwerte p. P.**

*202 kcal*
*10 g Kohlenhydrate*
*14 g Fett*
*8 g Eiweiß*

1 Pellen Sie die Zwiebeln und schneiden Sie sie in nicht zu kleine Stücke. Säubern Sie die Paprika und schneiden Sie sie in grobe Würfel. Waschen Sie die Tomaten ab und schneiden Sie sie in mundgerechte Stücke. Geben Sie den Thunfisch / die Ölsardinen zum Abtropfen in ein Sieb.

2 Spülen Sie eine beliebige Menge Petersilie ab und hacken Sie sie in feine Stücke. Füllen Sie das Olivenöl und den Essig in eine Schale und vermischen Sie beides mit der Petersilie. Würzen Sie das Dressing nach Belieben mit Salz und Pfeffer.

3 Geben Sie die Gemüsestücke in eine Salatschüssel und vermischen Sie sie mit dem Dressing. Zum Schluss verteilen Sie den Fisch darauf.

ENSALADA DE TONYINA |

# THUNFISCHSALAT

6 Port. 30 Min. Leicht

**Zutaten**

3 Dosen Thunfischfilets
100 g Oliven
6 Eier
4 Mini-Romana-Salate
3 Zwiebeln, rot
6 Tomaten
1 Zitrone
3 Möhren
3 TL Kapern, aus dem Glas
8 EL Olivenöl
Salz, Pfeffer & Zucker, nach Belieben

**Nährwerte p. P.**

*250 kcal*
*6 g Kohlenhydrate*
*16 g Fett*
*18 g Eiweiß*

1 Geben Sie den Thunfisch zum Abtropfen in ein Sieb und zerkleinern Sie ihn mit einer Gabel. Kochen Sie die Eier, bis sie hart sind. Anschließend pellen Sie die Schale ab und schneiden sie in Viertel. Pellen Sie die Zwiebeln und schneiden Sie sie in kleine Würfel. Spülen Sie die Salate ab und schneiden Sie sie in mundgerechte Stücke. Waschen Sie die Tomaten, entfernen Sie den Stielansatz und schneiden Sie sie in dünne Scheiben. Schälen Sie die Möhren und raspeln Sie sie grob in eine Schüssel.

2 Geben Sie alle vorbereiteten Zutaten und den Thunfisch in die Schüssel zu den geraspelten Möhren und mischen Sie die Oliven und die Kapern darunter.

3 Halbieren Sie die Zitrone und pressen Sie den Saft heraus. Mischen Sie etwa 4 Esslöffel davon nach Belieben mit Salz, Pfeffer und Zucker und rühren Sie das Olivenöl dazu. Nun gießen Sie das Dressing über den Salat und vermischen alles sorgfältig miteinander. Schmecken Sie den Salat nochmals mit den Gewürzen ab.

# FENCHEL-ORANGEN-SALAT

4 Port. | 30 Min. | Leicht

**Zutaten**

1 Fenchelknolle, mit Grün
4 Orangen, unbehandelt
1 Zwiebel, süß (alternativ rote Zwiebel)
2 EL Dattelbalsamessig
4 EL Olivenöl
1 TL Salz
1 Prise Zucker
1 Prise Chilipulver

**Nährwerte p. P.**

*106 kcal*
*18 g Kohlenhydrate*
*1 g Fett*
*4 g Eiweiß*

1 Reiben Sie die Schale einer Orange ab. Anschließend schälen Sie alle Orangen und schneiden das Fruchtfleisch in kleine Stücke.

2 Pellen Sie die Zwiebel und schneiden Sie sie in ganz dünne Scheiben. Säubern Sie den Fenchel und schneiden Sie ihn ebenso in hauchfeine Scheiben. Stellen Sie eine kleine Menge des Fenchelgrüns zum Dekorieren beiseite.

3 Füllen Sie das Olivenöl und den Essig in eine Schüssel und vermischen Sie beides miteinander. Würzen Sie das Dressing mit Salz, Chilipulver und Zucker.

4 Vermischen Sie die Orangenstücke, die Zwiebelscheiben und die Fenchelscheiben in einer Salatschüssel und geben Sie das Dressing darüber. Verrühren Sie es vorsichtig im Salat und geben Sie zur Dekoration etwas Fenchelgrün darüber.

**Tipp:** Nach Belieben können Sie diesem Salat in Scheiben geschnittene Oliven beimischen.

## ENSALADA DE MONGETES VERDES | 
# KARTOFFELSALAT MIT GRÜNEN BOHNEN

4 Port. 45 Min. Leicht

**Zutaten**

4 Kartoffeln, groß
150 g Bohnen, grün
50 g Feldsalat
6 Sardellenfilets
1 Tomate
8 Oliven, gefüllt
Paprika, eingelegt
1 EL Kapern
2 EL Olivenöl
4 EL Essig
½ TL Senf
Je 1 Prise Zucker & Salz

**Nährwerte p. P.**

*195 kcal*
*19 g Kohlenhydrate*
*9 g Fett*
*6 g Eiweiß*

1 Kochen Sie zunächst die Kartoffeln als Pellkartoffeln, bis sie gar sind. Säubern Sie die Bohnen und kochen Sie sie für 10 Minuten. Schneiden Sie die Tomate in Würfel. Spülen Sie den Feldsalat ab und schleudern Sie ihn trocken.

2 Pellen Sie die Kartoffeln und schneiden Sie sie in Scheiben. Verteilen Sie die Kartoffelscheiben, den Feldsalat, die Tomatenwürfel, die Bohnen und die eingelegten Paprikastücke auf einer Servierplatte. Dekorieren Sie den Salat mit den Oliven, den Kapern und den Sardellenfilets.

3 Füllen Sie das Olivenöl und den Essig in eine Rührschüssel und vermischen Sie beides miteinander. Geben Sie den Senf dazu, verrühren Sie ihn in der Flüssigkeit und würzen Sie das Dressing nach Belieben mit Zucker und Salz.

4 Zum Servieren gießen Sie das Dressing gleichmäßig über den Salat.

# BOHNENSALAT MIT MINZE

4 Port. 45 Min. Leicht

**Zutaten**

200 g Schinkenwürfel
800 g Bohnen, grün
1 Zwiebel
Je ½ Bund Petersilie & Minze
3 EL Rotweinessig
4 EL Olivenöl
1 TL Senf
etwas Fett zum Braten
Je 1 Prise Salz & Pfeffer

**Nährwerte p. P.**

*280 kcal*
*9 g Kohlenhydrate*
*17 g Fett*
*19 g Eiweiß*

1 Geben Sie eine ausreichende Menge Salzwasser in einen Topf und kochen Sie es auf. In der Zwischenzeit säubern Sie die Bohnen und schneiden die Enden ab. Kochen Sie die Bohnen für etwa 15 Minuten. Anschließend geben Sie sie zum Abtropfen in ein Sieb. Schrecken Sie sie mit kaltem Wasser ab.

2 Erhitzen Sie das Fett in einer Pfanne und braten Sie die Schinkenwürfel darin an. Pellen Sie die Zwiebel und schneiden Sie sie in kleine Würfel. Entfernen Sie die Petersilien- und die Minzblätter und hacken Sie beides in feine Stücke.

3 Geben Sie das Olivenöl, den Essig, den Senf sowie Salz und Pfeffer in eine Rührschüssel und vermischen Sie alles zu einer Marinade.

4 Geben Sie die abgetropften Bohnen mit den Schinkenwürfeln, den gehackten Kräutern und den Zwiebelstücken in eine Servierschüssel und vermischen Sie alles gut miteinander. Gießen Sie die Marinade über den Salat und mengen Sie sie unter die Zutaten. Stellen Sie den Salat für mindestens 30 Minuten zum Ziehen in den Kühlschrank.

# Suppen

SOPA DE AJO |

# KNOBLAUCHSUPPE

4 Port. 45 Min. Leicht

**Zutaten**

1 Liter Gemüsebrühe
4 Scheiben Vollkorntoastbrot, zerbröselt
4 Tomaten
24 Knoblauchzehen
1 Lorbeerblatt
1 EL Petersilie, gehackt
4 EL Olivenöl
½ TL Oregano
1 Prise Chilipulver

**Nährwerte p. P.**

*254 kcal*
*28 g Kohlenhydrate*
*13 g Fett*
*6 g Eiweiß*

1 Pellen Sie den Knoblauch und entfernen Sie die Haut von den Tomaten. Schneiden Sie die Tomaten in Würfel.

2 Erhitzen Sie das Olivenöl in einer Pfanne und rösten Sie darin die ganzen Knoblauchzehen und die Brotbrösel an. Geben Sie die Tomaten hinzu und kochen Sie die Zutaten unter ständigem Rühren ein.

3 Gießen Sie die Brühe in die Pfanne und würzen Sie die Speise mit dem Oregano, dem Chilipulver sowie dem Lorbeerblatt.

4 Legen Sie einen Deckel auf die Pfanne und köcheln Sie die Suppe für etwa 20 Minuten, bis die Knoblauchzehen weich geworden sind.

5 Nach der Kochzeit nehmen Sie das Lorbeerblatt heraus und pürieren die Zutaten zu einer feinen Masse. Gegebenenfalls streichen Sie sie zusätzlich durch ein Sieb.

6 Zum Servieren garnieren Sie die Suppe mit der gehackten Petersilie.

# GAZPACHO | KALTE GEMÜSESUPPE

4 Port. 5 Std. Leicht

**Zutaten**

1 kg Tomaten, reif
2 Zwiebeln
Je 1 Paprika, grün & rot
2 Knoblauchzehen
3 Scheiben Toastbrot
150 g Salatgurke
½ Bund Basilikum
3 EL Rotweinessig
4 EL Olivenöl
1 TL Gemüsebrühe, trocken
3 EL Wasser, heiß
1 Prise Zucker
Salz, Pfeffer & Zitronensaft, nach Belieben

**Nährwerte p. P.**

*424 kcal*
*29 g Kohlenhydrate*
*32 g Fett*
*4 g Eiweiß*

1 Schneiden Sie die Rinde vom Toastbrot ab. Weichen Sie das Brot in kaltem Wasser ein. Überbrühen Sie die Tomaten mit heißem Wasser und entfernen Sie die Haut und den Stielansatz. Stellen Sie etwa 150 g der Tomaten beiseite. Säubern Sie die rote Paprika und schneiden Sie sie in kleine Würfel. Stellen Sie etwa 1 Esslöffel davon beiseite. Pellen Sie den Knoblauch und geben Sie ihn in eine Schüssel.

2 Drücken Sie das Wasser aus dem Toastbrot und geben Sie es in die Schüssel zum Knoblauch. Fügen Sie die Tomaten und die Paprikawürfel dazu und pürieren Sie alles zu einer glatten Masse.

3 Lösen Sie die Brühe in dem heißen Wasser auf und mischen Sie es zum Püree. Füllen Sie 2 Esslöffel Olivenöl und den Essig dazu und verrühren Sie alle Zutaten miteinander. Würzen Sie die Suppe nach Belieben mit Zucker, Pfeffer und Salz. Stellen Sie sie für mindestens 4 Stunden in den Kühlschrank.

4 Pellen Sie die Zwiebeln und schneiden Sie sie in kleine Würfel. Säubern Sie die grüne Paprika und schneiden Sie sie in Würfel. Schälen Sie die Gurke und schneiden Sie sie in kleine Würfel. Entfernen Sie die Kerne aus den beiseitegestellten Tomaten und schneiden Sie sie in kleine Würfel.

5 Schmecken Sie die kalte Suppe nochmals mit Zucker, Salz und Pfeffer ab und würzen Sie sie nach Belieben mit dem Zitronensaft. Spülen Sie das Basilikum ab und entfernen Sie die Blätter. Hacken Sie sie in kleine Stücke.

6 Richten Sie die Suppe in einer Suppenschüssel an. Zum Servieren streuen Sie die gehackten Basilikumblätter, die beiseitegestellten roten Paprikawürfel und die eben zubereiteten Gemüsewürfel darüber. Träufeln Sie die übrigen 2 Esslöffel Olivenöl über die Suppe.

# WEIßE GAZPACHO | KALTE GEMÜSESUPPE

4 Port. 1,5 Std. Leicht

**Zutaten**

400 ml Milch
100 g Mandeln, gemahlen
10 g Mandeln, ganz + ohne Haut
225 g Honigmelone
4 Scheiben Weißbrot
2 Knoblauchzehen
1 Stiel Petersilie
2 EL Apfelessig
4 EL Olivenöl
Salz & Pfeffer, nach Belieben

**Nährwerte p. P.**

*544 kcal*
*17 g Kohlenhydrate*
*48 g Fett*
*11 g Eiweiß*

1 Schneiden Sie die Rinde vom Brot ab. Gießen Sie die Milch in eine Schüssel und weichen Sie das Brot darin ein. Pellen Sie den Knoblauch und schneiden Sie ihn in kleine Stücke.

2 Geben Sie den Knoblauch, die gemahlenen Mandeln, 3 Esslöffel Olivenöl und den Essig zum eingeweichten Brot und pürieren Sie alle Zutaten zu einer feinen Masse. Schmecken Sie das Püree mit Salz und Pfeffer ab und stellen Sie es für etwa 1 Stunde in den Kühlschrank.

3 In der Zwischenzeit schälen Sie die Honigmelone und schneiden das Fruchtfleisch in kleine Würfel. Die Mandelkerne zerhacken Sie in grobe Stücke. Spülen Sie die Petersilie ab und schneiden Sie die Blätter in grobe Stücke.

4 Nach der Kühlzeit richten Sie die Gazpacho in tiefen Tellern an und träufeln das übrige Olivenöl darüber. Verteilen Sie die Honigmelonenstücke und streuen Sie die gehackten Mandeln sowie etwas Petersilie über die Suppe.

SOPA BOBA |

# HÜHNERSUPPE MIT MANDELN

6 Port. 2 Std. Leicht

**Zutaten**

2 Hähnchenbrüste mit Haut und Knochen
1 Bund Suppengrün
200 g Schinkenspeck
200 g Mandeln, gemahlen
2 Zwiebeln
3 Scheiben Bauernbrot
4 Tomaten
2 Knoblauchzehen
2 EL Öl
2 TL Salz
Salz & Pfeffer, nach Belieben
2 Liter Wasser, kalt

**Nährwerte p. P.**

*530 kcal*
*15 g Kohlenhydrate*
*38 g Fett*
*29 g Eiweiß*

1 Säubern und schälen Sie das Suppengrün und schneiden Sie es in mundgerechte Stücke. Pellen Sie den Knoblauch und die Zwiebeln und schneiden Sie beides in Würfel. Waschen Sie die Tomaten, entfernen Sie den Stielansatz und schneiden Sie sie in Streifen.

2 Geben Sie das Fleisch in einen großen Topf und verteilen Sie das Suppengrün und den Schinkenspeck darin. Fügen Sie die Zwiebeln, den Knoblauch, die Tomaten sowie das Salz hinzu und gießen Sie das Wasser hinein. Gegebenenfalls müssen Sie etwas mehr Wasser verwenden, die Zutaten sollen bedeckt sein.

3 Kochen Sie die Zutaten einmal auf und reduzieren Sie dann die Temperatur auf die niedrigste Stufe. Köcheln Sie die Suppe für etwa 1 ½ Stunden. Schöpfen Sie zwischendurch den Schaum ab.

4 In der Zwischenzeit schneiden Sie das Brot in kleine Würfel und rösten es in einer Pfanne mit dem Öl kurz an. Würzen Sie es mit Salz und Pfeffer und nehmen Sie es anschließend zum Abkühlen heraus.

5 Nach der Garzeit holen Sie die Hähnchenbrüste und den Schinkenspeck aus der Suppe. Stellen Sie beides zum Abkühlen beiseite. Pürieren Sie die übrigen Zutaten im Garwasser und rühren Sie die Mandeln dazu. Kochen Sie die Suppe einmal kurz auf.

6 Entfernen Sie Haut und Knochen vom Fleisch und schneiden Sie es in mundgerechte Stücke. Schneiden Sie die Schwarte vom Schinkenspeck ab. Das Fleisch schneiden Sie ebenfalls in mundgerechte Stücke. Geben Sie beides wieder in die Suppe und schmecken Sie sie mit Salz und Pfeffer ab.

7 Zum Servieren streuen Sie die gerösteten Brotwürfel über die Suppe.

PANCUIT |

# BROTSUPPE

4 Port. 1 Std. Leicht

**Zutaten**

6 Scheiben Landbrot (alternativ 12 TUC-Kekse oder 24 Kräcker)
1 Liter Fleischbrühe
250 ml Milch
8 Knoblauchzehen
2 Tomaten
6 Eier
2 EL Petersilie
3 EL Olivenöl
Salz & Paprikapulver (rosenscharf), nach Belieben

**Nährwerte p. P.**

*449 kcal*
*44 g Kohlenhydrate*
*23 g Fett*
*15 g Eiweiß*

1 Füllen Sie die Milch in einen tiefen Teller und weichen Sie das Brot darin ein. Anschließend drücken Sie es mit der Hand aus. Pellen Sie den Knoblauch und zerstoßen Sie ihn mit etwas Salz in einem Mörser. Übergießen Sie die Tomaten mit heißem Wasser und entfernen Sie die Haut. Schneiden Sie sie in grobe Stücke. Schlagen Sie die Eier in eine Schüssel und verquirlen Sie sie.

2 Erhitzen Sie in einem ausreichend großen Topf das Olivenöl und braten Sie das Knoblauch-Salz-Gemisch darin an. Fügen Sie die Tomatenstücke und das ausgedrückte Brot bei und köcheln alle Zutaten bei niedriger Temperatur für etwa 5 Minuten.

3 Nun gießen Sie die Brühe hinein, vermischen alles miteinander und köcheln die Suppe für etwa 20 Minuten. In der Zwischenzeit spülen Sie die Petersilie ab und hacken sie in grobe Stücke.

4 Nach der Kochzeit pürieren Sie die Zutaten zu einer glatten Masse. Vermischen Sie die verquirlten Eier in der Suppe und würzen Sie sie mit dem Paprikapulver. Schmecken Sie sie nach Belieben nochmals mit Salz ab.

5 Zum Servieren bestreuen Sie die Suppe mit der Petersilie.

SOPA DE NADAL |

# MALLORQUINISCHE WEIHNACHTSSUPPE

6 Port. 2,5 Std. Mittel

**Zutaten**

500 g Truthahnfleisch
1 Stück Ochsenschwanz
1 Markknochen
2 Möhren
1 Zwiebel
2 Tomaten
1 Stück Sellerie
1 EL Schweineschmalz
8 Eier
100 ml Sherry, trocken
2 ½ Liter Wasser
einige Safranfäden
Salz & Pfeffer, nach Belieben

**Nährwerte p. P.**

*356 kcal*
*5 g Kohlenhydrate*
*14 g Fett*
*46 g Eiweiß*

1 Pellen Sie die Zwiebel und schneiden Sie sie in Viertel. Schälen Sie die Möhren und schneiden Sie sie in grobe Stücke. Schälen Sie den Sellerie und schneiden Sie ihn in kleine Würfel. Säubern Sie die Tomaten und schneiden Sie sie in Viertel. Schneiden Sie das Fleisch in mundgerechte Stücke.

2 Erhitzen Sie das Schmalz in einem großen Topf. Geben Sie das Fleisch, den Knochen, das Stück Ochsenschwanz, die Zwiebeln, die Möhren, den Sellerie und die Tomaten hinein und braten Sie alles rundherum an. Würzen Sie nach Belieben mit Salz und Pfeffer und geben Sie einige Safranfäden hinein. Gießen Sie das Wasser in den Topf und kochen Sie die Zutaten kurz auf. Köcheln Sie alles bei mittlerer Temperatur für etwa 30 Minuten.

3 Nach der Kochzeit holen Sie das Gemüse aus dem Topf und passieren es durch ein Sieb in einen weiteren Topf. Den Knochen entfernen Sie ebenso aus der Flüssigkeit.

4 Heizen Sie den Backofen auf 180 °C mit Umluftfunktion vor. Verquirlen Sie 6 Eier und vermischen Sie sie mit ½ Liter des Kochsudes. Füllen Sie die Flüssigkeit in eine hitzebeständige Form und setzen Sie diese in ein heißes Wasserbad. Stellen Sie das Wasserbad für etwa 1 Stunde in den Backofen. Die Flüssigkeit sollte in dieser Zeit stocken. Anschließend stellen Sie den Eistich in den Kühlschrank, danach schneiden Sie ihn in Würfel.

5 Trennen Sie die übrigen Eier. Kochen Sie den Kochsud erneut auf und rühren Sie vorsichtig die Eigelbe, das passierte Gemüse sowie den Sherry hinein. Geben Sie den Eistich in eine Suppenterrine und gießen Sie die heiße Brühe darüber.

## SOPA DE PEPINO FRIO |

# KALTE GURKENSUPPE

6 Port. | 1,5 Std. | Leicht

**Zutaten**

6 Salatgurken
4 Riesengarnelen (optional)
1 Becher Sahne
Dill, nach Belieben
Salz & Pfeffer, nach Belieben

**Nährwerte p. P.**

*288 kcal*
*8 g Kohlenhydrate*
*17 g Fett*
*24 g Eiweiß*

1 Schälen Sie die Gurken und raspeln Sie sie mit einer feinen Reibe in eine Schüssel. Vermischen Sie die Sahne in den Gurkenraspeln und würzen Sie die Speise nach Belieben mit Salz und Pfeffer. Hacken Sie den Dill in feine Stücke und geben Sie eine beliebige Menge in die Suppe. Mit Dill darf reichlich gewürzt werden. Stellen Sie die Speise für 1 Stunde in den Kühlschrank.

2 Wenn Sie Riesengarnelen zur Gurkensuppe mögen, braten Sie sie kurz vor dem Servieren von allen Seiten an und legen sie heiß auf einen Suppenteller. Geben Sie die kalte Suppe darüber.

# Brote

PAN SIN SAL |

# MISCHBROT

4 Port. 2 Std. 50 Min. Mittel

**Zutaten**

80 g Roggenmehl
320 g Mehl, Type 550
½ TL Salz
½ TL Zucker
7 g Trockenhefe
20 ml Olivenöl
220 ml Wasser, lauwarm

**Nährwerte p. Brot**

*1.560 kcal*
*284 g Kohlenhydrate*
*25 g Fett*
*42 g Eiweiß*

1 Füllen Sie beide Mehlsorten in eine Rührschüssel und vermischen Sie sie. Geben Sie das Salz an den Rand des Mehls und die Hefe mit dem Zucker in die Mitte. Gießen Sie das Wasser auf die Hefe und zum Schluss das Olivenöl. Warten Sie ein paar Minuten, bis sich Blasen bilden.

2 Nun verkneten Sie alle Zutaten für etwa 2 Minuten miteinander. Sie können ein Handrührgerät mit Knethaken oder eine Küchenmaschine, beides auf niedriger Stufe eingestellt, dafür verwenden. Anschließend kneten Sie den Teig für etwa 4 Minuten mit einer höheren Stufe, bis er nicht mehr an Ihren Händen klebt. Stellen Sie die Schüssel an einen warmen Ort, bis sich das Volumen verdoppelt hat.

3 Bemehlen Sie Ihre Hände und formen Sie aus dem Teig einen Brotlaib. Deponieren Sie ihn abermals an einem warmen Ort. Der Teig soll sich deutlich im Volumen vergrößern. Das kann bis zu 50 Minuten dauern.

4 Heizen Sie den Backofen auf 220 °C mit Ober- und Unterhitze vor und backen Sie das Brot für etwa 15 Minuten. Reduzieren Sie die Temperatur auf 190 °C und backen Sie es für weitere 20 bis 25 Minuten. Wenn das Brot fertig gebacken ist, klingt ein Klopfen auf die Unterseite hohl.

SOBRASADA-BROT |

# SPEZIALITÄT DER BALEAREN

2 Brote | 3 Std. | Mittel

**Zutaten**

Je 200 g Mehl, Type 1050 & Type 550
100 g Roggenmehl
200 g Sobrasada (Paprikastreichwurst)
330 ml Wasser, lauwarm
750 ml Wasser (heiß), für den Backofen
10 g Hefe, frisch
10 g Olivenöl
10 g Salz

**Nährwerte p. P.**

*108 kcal*
*14 g Kohlenhydrate*
*4 g Fett*
*3 g Eiweiß*

1 Geben Sie alle Mehlsorten in eine Rührschüssel und verkneten Sie sie mit dem lauwarmen Wasser. Sie können eine Küchenmaschine oder ein Handrührgerät dafür verwenden. Decken Sie die Schüssel ab und stellen Sie sie für 30 Minuten beiseite.

2 Anschließend bröckeln Sie die Hefe in den Teig. Kneten Sie ihn für etwa 3 Minuten gut durch. Geben Sie nun das Salz und das Öl dazu und kneten Sie den Teig für weitere 5 Minuten durch. Füllen Sie den Teig in eine eingeölte Kunststoffdose. Diese sollte etwa 27 x 17 Zentimeter groß sein. Decken Sie die Dose ab und stellen Sie sie für 1 Stunde an einen warmen Ort.

3 Nach der Gehzeit lockern Sie den Teig an den Kanten und stürzen ihn auf eine bemehlte Arbeitsfläche. Schneiden Sie ihn der Länge nach durch und legen Sie eine Hälfte zurück in die Dose. Drücken Sie die andere Hälfte mit den Händen etwas in Form, das Teigstück sollte etwa 2 Zentimeter größer sein als die Dose.

4 Verteilen Sie die Hälfte der Sobrasada auf dem Teig. Lassen Sie einen Rand von etwa 2 Zentimetern frei. Den Rand der schmalen Seiten klappen Sie über die Füllung und drücken ihn leicht an.

5 Mit wenig Druck rollen Sie nun das Teigstück von der langen Seite auf. Lagern Sie die Teigrolle mit dem Rand nach unten zeigend für etwa 10 Minuten. In der Zwischenzeit verfahren Sie mit dem zweiten Teigstück ebenso.

6 Anschließend formen Sie beide Teigstücke vorsichtig zu einer längeren Rolle von etwa 38 Zentimetern. Legen Sie sie auf ein mit Backpapier ausgelegtes Blech und decken Sie ein Küchentuch darüber. Stellen Sie das Blech für etwa 30 Minuten zum Gehen beiseite.

7 In der Zwischenzeit heizen Sie den Backofen auf 230 °C mit Ober- und Unterhitze vor. Kurz vor Ende der Gehzeit füllen Sie das Wasser für den Backofen in die Fettpfanne und schieben sie auf die untere Schiene.

8 Schneiden Sie die Teigrollen mit einem scharfen Messer 4- bis 5-mal schräg ein und schieben Sie das Blech auf die mittlere Schiene des Backofens. Backen Sie es für etwa 10 Minuten und nehmen Sie dann die Fettpfanne heraus. Reduzieren Sie die Temperatur auf 200 °C und backen Sie die Brote für weitere 15 Minuten.

9 Nach der Backzeit nehmen Sie die Brote heraus und legen sie zum Abkühlen auf ein Küchenrost.

ENSAÏMADA |

# MALLORQUINISCHE HEFESCHNECKE

12 Port. 3 Std. Mittel

**Zutaten**

250 g Mehl, Type 550
60 g Zucker
15 g Butter
100 ml Milch
1 Ei
½ Würfel frische Hefe
1 TL Vanilleextrakt
½ TL Salz

**zum Bestreichen:**
etwas Milch
50 g Butterschmalz, weich
Puderzucker zum Bestreuen

**Nährwerte p. P.**

*165 kcal*
*22 g Kohlenhydrate*
*6 g Fett*
*3 g Eiweiß*

1 Geben Sie die Butter und die Milch in einen Topf und erwärmen Sie sie bei geringer Temperatur, bis die Butter geschmolzen ist.

2 In der Zwischenzeit geben Sie das Mehl in eine Rührschüssel und bröckeln die Hefe hinein. Fügen Sie den Zucker, das Ei, das Vanilleextrakt und das Salz hinzu sowie anschließend die warme Milchmischung. Verkneten Sie alle Zutaten mit einem Handrührgerät zu einem glatten Teig. Decken Sie die Schüssel ab und stellen Sie sie für 1 Stunde an einen warmen Ort. Belegen Sie ein Blech mit Backpapier

3 Bereiten Sie eine bemehlte Arbeitsfläche vor und kneten Sie den Teig noch einmal gut durch. Rollen Sie ihn zu einem Rechteck mit der Größe von etwa 60 x 40 Zentimetern aus. Bestreichen Sie das Teigstück mit dem Butterschmalz.

4 Rollen Sie nun den Teig von der langen Seite auf und legen ihn als Schnecke auf das Backblech. Drücken Sie die Rolle nicht fest zusammen, sondern belassen Sie zwischen den Spiralen einen Abstand von etwa 1 Zentimeter. Decken Sie die Teigschnecke ab und stellen Sie sie für 1 Stunde an einen warmen Ort. Sie können den Teig auch über Nacht stehen lassen und ihn am nächsten Tag weiter zubereiten.

5 Heizen Sie den Backofen auf 180 °C mit Ober- und Unterhitze oder 160 °C mit Umluftfunktion vor. Bestreichen Sie die Hefeschnecke mit Milch und schieben Sie das Blech in das untere Drittel Ihres Backofens. Backen Sie den Teig für etwa 20 Minuten.

6 Nach der Backzeit lagern Sie die Hefeschnecke zum Abkühlen auf einem Küchenrost. Kurz vor dem Servieren bestreuen Sie sie mit Puderzucker.

**Tipp:** Die Hefeschnecke wird üblicherweise lauwarm genossen. Sie kann aber auch kalt serviert werden.

BALEARENBROT |

# VOLLKORN- ODER DINKELBROT

1 Brot | 2,5 Std. | Leicht

**Zutaten**

500 g Weizenvollkorn- oder Dinkelmehl
1 Prise Zucker
20 g Hefe, frisch
400 ml Wasser, lauwarm
etwas Schweineschmalz oder Öl für das Blech

**Nährwerte p. 100 g**

*318 kcal*
*57 g Kohlenhydrate*
*3 g Fett*
*10 g Eiweiß*

1 Geben Sie etwa ⅓des Mehls in eine Rührschüssel und bilden Sie in der Mitte eine Mulde. Bröseln Sie die Hefe hinein. Streuen Sie den Zucker darüber und füllen Sie 3 Esslöffel des Wassers hinein. Schieben Sie etwas Mehl von den Seiten darüber und decken Sie die Schüssel mit einem Tuch ab. Stellen Sie sie für etwa 30 Minuten an einen warmen Ort.

2 Nach der Gehzeit vermischen Sie das übrige Mehl in der Schüssel und füllen so viel lauwarmes Wasser hinein, bis durch das Kneten ein glatter Teig entstanden ist. Decken Sie die Schüssel abermals ab und stellen Sie sie für etwa 45 Minuten an einen warmen Ort.

3 Heizen Sie den Backofen auf 200 °C mit Umluftfunktion vor und bestreichen Sie ein Backblech mit dem Schmalz oder dem Öl. Kneten Sie den Teig nochmals sorgfältig durch und formen Sie einen Laib daraus. Legen Sie den Laib auf das Backblech und backen Sie das Brot für etwa 1 Stunde im Backofen.

4 Nach dem Abkühlen des Brotes lagern Sie es in einem Tuch an einem kühlen Ort.

# TRADITIONELLES SPANISCHES BROT

5 Port. | 2 Std. 15 Min. | Leicht

**Zutaten**

500 g Roggenmehl, Type 997
500 g Weizenmehl
2 EL Maismehl
84 g Hefe, frisch
250 ml Buttermilch
250 ml Milch, lauwarm
1 TL Zucker
1 TL Salz

**Nährwerte p. P.**

*793 kcal*
*157 g Kohlenhydrate*
*5 g Fett*
*30 g Eiweiß*

1 Sieben Sie zunächst alle Mehlsorten in eine Rührschüssel. Geben Sie die Hefe in die warme Milch und lösen Sie sie darin auf. Anschließend füllen Sie die Hefe-Milch-Mischung zum Mehl in die Rührschüssel. Geben Sie die Buttermilch, den Zucker und das Salz dazu und verkneten Sie alles zu einem geschmeidigen Teig. Stellen Sie die Schüssel für 45 Minuten an einen warmen Ort.

2 In der Zwischenzeit belegen Sie ein Blech mit Backpapier. Nach der Ruhezeit kneten Sie den Teig abermals durch und formen ihn zu einem Brotlaib. Legen Sie ihn auf das Backblech und stellen Sie es für 20 Minuten an einen warmen Ort.

3 Währenddessen heizen Sie den Backofen auf 200 °C mit Ober- und Unterhitze oder 180 °C mit Umluftfunktion vor. Backen Sie das Brot für etwa 40 bis 50 Minuten im Backofen.

# SPANISCHES WEIHNACHTSBROT

40 Port. | 1,5 Std. | Leicht

**Zutaten**

140 g Mehl
100 g Puderzucker
140 g Butter
50 g Mandeln, gemahlen
1 Pck. Vanillezucker
2 Eier
1 EL Sahne
2 EL Weißwein
1 Prise Salz

**Nährwerte p. P.**

*62 kcal*
*5 g Kohlenhydrate*
*4 g Fett*
*1 g Eiweiß*

1 Sieben Sie das Mehl in eine Rührschüssel und bilden Sie in der Mitte eine Mulde. Geben Sie die Butter in kleinen Flöckchen hinein. Trennen Sie die Eier und geben Sie 1 Eigelb in die Mulde. Fügen Sie den Wein, den Vanillezucker, das Salz und die Sahne dazu. Verkneten Sie alle Zutaten mit einem Handrührgerät zu einem glatten Teig. Decken Sie die Schüssel ab und stellen Sie sie für etwa 40 Minuten in den Kühlschrank.

2 In der Zwischenzeit stellen Sie aus einem Eiweiß einen festen Eischnee her. Geben Sie unter Rühren nach und nach den Puderzucker dazu und heben Sie vorsichtig die gemahlenen Mandeln darunter.

3 Nach der Kühlzeit kneten Sie den Teig nochmals auf einer bemehlten Arbeitsfläche gut durch. Rollen Sie ihn aus, sodass eine rechteckige Form entsteht. Verteilen Sie die Eischneemischung auf dem Teig und schneiden Sie ihn in etwa 40 gleich große Stücke.

4 Heizen Sie den Backofen auf 200 °C mit Umluftfunktion vor und belegen Sie ein Blech mit Backpapier. Setzen Sie die Teigstücke auf das Blech und backen Sie sie für etwa 20 Minuten, bis sie eine goldbraune Farbe angenommen haben.

5 Vor dem Servieren stellen Sie das Weihnachtsbrot zum Abkühlen auf ein Küchenrost.

# Hauptgerichte mit Fleisch & Geflügel

# COQ À L'ORANGE | HÄHNCHENSPEISE

4 Port. | 1 Std. | Leicht

**Zutaten**

600 g Hähnchenbrustfilet
100 g Oliven, grün
150 ml Orangenlikör
250 ml Orangensaft
2 Gemüsezwiebeln
1 Knoblauchzehe
1 Zweig Rosmarin
1 EL Zucker
1 EL Olivenöl
2 Prisen Anis, gemahlen
Salz & Pfeffer, nach Belieben
1 Prise Paprikapulver
etwas Milch

**Nährwerte p. P.**

*400 kcal*
*31 g Kohlenhydrate*
*8 g Fett*
*38 g Eiweiß*

1 Heizen Sie den Backofen auf 180 °C mit Ober- und Unterhitze oder auf 160 °C mit Umluftfunktion vor. Pellen Sie die Zwiebeln und den Knoblauch. Schneiden Sie eine Zwiebel und den Knoblauch in dünne Scheiben. Die zweite Zwiebel schneiden Sie in Spalten.

2 Reiben Sie das Fleisch mit Salz und Pfeffer ein und legen Sie es in einen Bräter oder auf ein Backblech. Verteilen Sie die in Scheiben geschnittene Zwiebel und den Knoblauch rund um das Fleisch herum. Geben Sie den Bräter oder das Blech auf die mittlere Schiene in den Backofen und garen Sie das Fleisch für etwa 15 Minuten.

3 Gießen Sie 200 ml vom Orangensaft in eine Schüssel und vermischen Sie ihn mit dem Orangenlikör und 1 Prise Anis. Spülen Sie den Rosmarinzweig ab und legen Sie ihn zum Fleisch in den Backofen. Gießen Sie nach und nach die Orangensaftmischung dazu. Garen Sie das Fleisch für weitere 15 Minuten im Ofen.

4 Anschließend verteilen Sie die Oliven im Bräter / auf dem Backblech und belassen es noch für 10 Minuten im Backofen. Währenddessen erhitzen Sie das Olivenöl in einer Pfanne und braten darin die Zwiebelspalten an. Streuen Sie den Zucker darüber und karamellisieren Sie die Zwiebeln unter ständigem Rühren. Löschen Sie die Zutaten mit dem übrigen Orangensaft ab und kochen Sie ihn bei hoher Temperatur ein. Würzen Sie mit einer minimalen Menge Anispulver und stellen Sie die Pfanne zum Warmhalten beiseite.

5 Nehmen Sie das Fleisch und die Oliven aus dem Bräter / vom Blech und halten Sie es warm. Nun gießen Sie den Bratensud mit den noch vorhandenen Zwiebeln in eine Schüssel und pürieren alles grob durch. Geben Sie bei Bedarf etwas Milch oder Orangensaft dazu, denn es soll eine sämige Soße entstehen. Schmecken Sie sie mit Pfeffer, Salz und Paprikapulver ab. Zum Servieren richten Sie die Soße in einer Servierschüssel und das Fleisch mit den Oliven auf einer Platte an.

CHULETA DE IBÉRICO |

# SCHWEINEKARREE AUS DEM OFEN

6 Port. 2 Std. Leicht

**Zutaten**

1.400 g Schweine-Karree
330 ml spanisches Bier
3 Zwiebeln
3 Lorbeerblätter, frisch
4 Knoblauchzehen
15 Stiele Majoran
2 Möhren
2 EL Olivenöl
300 ml Wasser, kochend
Salz & Pfeffer, nach Belieben

**Nährwerte p. P.**

*445 kcal*
*5 g Kohlenhydrate*
*30 g Fett*
*34 g Eiweiß*

1 Nehmen Sie das Fleisch etwa 1 Stunde vor der Zubereitung aus der Kühlung. Pellen Sie die Zwiebeln und schneiden Sie sie in je 6 Spalten. Halbieren Sie den Knoblauch ungepellt. Schälen Sie die Möhren und schneiden Sie sie in mundgerechte Stücke. Geben Sie das Olivenöl in einen Bräter und vermischen Sie die Zwiebeln, den Knoblauch und die Möhren darin. Würzen Sie die Zutaten mit Salz. Heizen Sie den Backofen auf 180 °C mit Ober-/Unterhitze vor.

2 Reiben Sie das Fleisch von allen Seiten mit Salz und Pfeffer ein. Legen Sie es mit dem Knochen nach unten auf das Gemüse in den Bräter. Schieben Sie den Bräter auf die 2. Schiene von unten und braten Sie das Fleisch für etwa 15 Minuten ohne Deckel.

3 Binden Sie 10 Stiele Majoran mit Küchengarn zusammen und schneiden Sie die Lorbeerblätter mehrmals ein. Füllen Sie das heiße Wasser in eine hitzebeständige Schüssel und gießen Sie das Bier dazu. Legen Sie das Bündel Majoran und die Lorbeerblätter hinein und gießen Sie die Mischung in den Bräter. Reduzieren Sie die Temperatur auf 160 °C und schmoren Sie das Fleisch für etwa 50 Minuten.

4 In der Zwischenzeit zupfen Sie die übrigen Blätter Majoran von den Stielen und stellen sie zur weiteren Verwendung beiseite. Nehmen Sie nach der Garzeit das Fleisch aus dem Bräter und wickeln Sie es in Alufolie ein. Legen Sie es wieder in den jetzt ausgeschalteten Backofen.

**5** Holen Sie das Bündel Majoran und die Knoblauchstücke aus dem Topf. Mit einer Schöpfkelle entnehmen Sie jetzt die Möhren und die Zwiebeln und stellen sie zum Warmhalten in den Backofen. Würzen Sie die Soße nach Belieben mit Salz.

**6** Wickeln Sie das Fleisch wieder aus und schneiden es zwischen den Rippen in Scheiben. Mischen Sie die frischen Majoranblätter unter die Möhren-Zwiebel-Mischung und richten Sie es mit dem Fleisch auf einer Platte an. Reichen Sie die Soße separat dazu.

# MALLORQUINISCHER KOHLTOPF

4 Port. 1 Std. Leicht

**Zutaten**

1 Kopf Wirsingkohl
200 g Sobrasada
200 g Frühstücksspeck, in Würfel
1 Bund Petersilie
4 Knoblauchzehen
2 Gemüsezwiebeln
1 Stange Lauch
2 Fleischtomaten
2 EL Schmalz
1 EL Schmand
1 EL Wasser
½ Liter Fleischbrühe
1 EL Paprikapulver
Salz, nach Belieben

**Nährwerte p. P.**

*447 kcal*
*26 g Kohlenhydrate*
*25 g Fett*
*25 g Eiweiß*

1 Säubern Sie den Wirsing und entfernen Sie den Strunk. Anschließend schneiden Sie ihn in Streifen. Pellen Sie die Zwiebeln und schneiden Sie sie in Ringe. Säubern Sie den Lauch und schneiden Sie ihn ebenfalls in Ringe. Pellen Sie den Knoblauch und pressen Sie ihn in ein Schälchen. Schneiden Sie die Sobrasada in dicke Scheiben. Spülen Sie die Petersilie ab und hacken Sie sie in feine Stücke.

2 Erhitzen Sie das Schmalz (Sie können auch anderes Fett verwenden) in einem großen Topf und braten Sie den Frühstücksspeck, die Zwiebeln, den Lauch und den Knoblauch darin an. Geben Sie den Wirsing dazu und würzen Sie alles mit Paprika. Nun löschen Sie die Zutaten mit der Brühe ab und mischen die Sobrasada dazu. Schmecken Sie die Speise mit Salz ab und legen Sie einen Deckel auf den Topf. Köcheln Sie alles bei niedriger Temperatur für etwa 20 Minuten.

3 Währenddessen überbrühen Sie die Tomaten mit heißem Wasser und entfernen die Haut. Schneiden Sie sie anschließend in Würfel. Verrühren Sie den Schmand mit dem Wasser. Geben Sie kurz vor Ende der Garzeit die Tomatenwürfel und die Schmandmischung in den Topf und rühren beides vorsichtig unter.

4 Zum Servieren mischen Sie die gehackte Petersilie in den Kohltopf.

CALABACINS FARCITS |

# GEFÜLLTE ZUCCHINI

4 Port. | 1 Std. | Leicht

**Zutaten**

300 g Lammhackfleisch (alternativ gemischtes Hack)
300 ml passierte Tomaten
200 g Tomaten aus der Dose
100 ml Olivenöl
4 Zucchini
2 Zwiebeln
4 Knoblauchzehen
1 Lorbeerblatt
2 Eier
½ EL Paprikapulver
4 EL Semmelbrösel
etwas Petersilie, frisch
1 EL Kräuter (getrocknet), nach Belieben
Salz & Pfeffer, nach Belieben

**Nährwerte p. P.**

*425 kcal*
*19 g Kohlenhydrate*
*29 g Fett*
*20 g Eiweiß*

1 Säubern Sie die Zucchini und schneiden Sie sie längs zur Hälfte durch. Anschließend höhlen Sie sie mit einem Teelöffel aus und blanchieren die Hälften kurz in kochendem Salzwasser. Das herausgeholte Fruchtfleisch schneiden Sie in Würfel.

2 Pellen Sie die Zwiebeln und schneiden Sie sie in kleine Würfel. Pellen Sie den Knoblauch und pressen Sie ihn in ein Schälchen. Spülen Sie die Petersilie ab und hacken Sie sie in feine Stücke.

3 Erhitzen Sie die halbe Menge des Olivenöls in einem Topf und dünsten Sie die Zwiebeln und den Knoblauch darin an. Geben Sie die Tomaten aus der Dose, die getrockneten Kräuter, das Lorbeerblatt sowie Salz und Pfeffer dazu und köcheln Sie alles für etwa 8 Minuten bei niedriger Temperatur. Anschließend nehmen Sie den Topf von der Kochstelle und stellen ihn beiseite.

4 Erhitzen Sie das übrige Olivenöl in einer Pfanne und dünsten Sie die Zucchiniwürfel darin an. Anschließend nehmen Sie sie zum Abtropfen heraus.

5 Vermischen Sie die Zucchiniwürfel mit dem Hackfleisch und geben es in den beiseitegestellten Topf. Köcheln Sie alles bei niedriger Temperatur für etwa 10 Minuten und stellen es dann zum Abkühlen beiseite. Anschließend verrühren Sie die Eier darin.

6 Heizen Sie den Backofen auf 200 °C mit Umluftfunktion vor. Füllen Sie die Hackfleischmischung in die Zucchinihälften und legen Sie sie auf ein tiefes Backblech oder in eine passende Auflaufform.

7 Geben Sie die Semmelbrösel in eine Schüssel und vermischen Sie sie mit dem Paprikapulver und der gehackten Petersilie. Streuen Sie die Mischung über die Zucchinihälften. Garen Sie die Zucchinihälften für etwa 15 Minuten im Backofen. Nach etwa der halben Garzeit gießen Sie die passierten Tomaten über die Zucchinihälften.

ARROZ BRUT |

# MALLORQUINISCHES REISGERICHT

4 Port. | 1 Std. | Leicht

**Zutaten**

Je 250 g Kaninchenfleisch, Schweinefleisch & Hähnchenfleisch
800 g Blumenkohl
100 g Champignons
150 g Erbsen oder Bohnen
250 g Reis
750 ml Wasser
1 Tomate
1 Zwiebel
1 EL Schweineschmalz
1 EL Olivenöl
Salz, Pfeffer & Paprikapulver, nach Belieben
Salz, nach Belieben

**Nährwerte p. P.**

*617 kcal*
*58 g Kohlenhydrate*
*14 g Fett*
*59 g Eiweiß*

1 Schneiden Sie alle Fleischsorten in mundgerechte Stücke. Säubern Sie die Pilze und die Tomate und schneiden Sie sie in Würfel. Pellen Sie die Zwiebel und schneiden Sie sie in kleine Stücke. Waschen Sie den Blumenkohl und zerteilen Sie ihn in kleine Stücke.

2 Erhitzen Sie das Olivenöl und das Schmalz in einer ausreichend großen Pfanne und braten Sie die Zwiebeln darin an. Nun geben Sie die Fleischstücke dazu und braten sie ebenfalls rundherum an. Würzen Sie die Zutaten nach Belieben mit Paprikapulver, Pfeffer und Salz.

3 Anschließend fügen Sie die Pilze, das Wasser, die Erbsen (oder Bohnen) und die Tomate zu und verrühren alles miteinander. Köcheln Sie die Zutaten bei mittlerer Temperatur für etwa 4 Minuten.

4 Nun geben Sie den Blumenkohl in die Pfanne. Köcheln Sie alles für weitere 5 Minuten und geben Sie dann den Reis hinein. Vermischen Sie alles miteinander und garen Sie die Speise für etwa 15 Minuten.

FRITO MALLORQUIN |

# MALLORQUINISCHES LEBERGERICHT

2 Port. 1 Std. Leicht

**Zutaten**

400 g Rinderleber
200 g Zucchini
2 Fleischtomaten
1 Stange Lauch
Je 1 Zweig Rosmarin & Thymian
1 Bund Petersilie
1 EL Honig
4 EL Olivenöl
1 EL saure Sahne
Salz & Pfeffer, nach Belieben
Saft einer halben Zitrone

**Nährwerte p. P.**

*736 kcal*
*31 g Kohlenhydrate*
*45 g Fett*
*48 g Eiweiß*

1 Waschen Sie die Tomaten, die Zucchini und den Lauch. Entfernen Sie die Haut sowie die Kerne der Tomaten und schneiden Sie sie in kleine Stücke. Schneiden Sie den Lauch erst in lange Viertel und anschließend in Scheibchen. Halbieren Sie die Zucchini und entfernen Sie die Kerne. Schneiden Sie sie dann in Würfel. Hacken Sie die Kräuter in grobe Stücke, wobei Sie die Petersilie separat aufbewahren. Schneiden Sie die Leber in etwa 2 Zentimeter dicke Streifen.

2 Erhitzen Sie 1 Esslöffel Olivenöl in einer Pfanne und braten Sie den Lauch darin an. Holen Sie ihn danach heraus und erhitzen Sie einen weiteren Esslöffel Öl. Darin braten Sie nun die Zucchini an. Holen Sie sie wieder aus der Pfanne und erhitzen Sie den 3. Esslöffel Öl, um die Tomaten darin anzubraten. Geben Sie bei jedem Bratvorgang etwas von den gehackten Kräutern (außer der Petersilie) sowie Salz und Pfeffer dazu.

3 Nun geben Sie alle angebratenen Gemüseteile zum Warmhalten wieder in die Pfanne. Füllen Sie den Honig in einen Topf und mischen Sie den letzten Esslöffel Öl dazu. Erhitzen Sie beides, bis der Honig karamellisiert.

4 Nun geben Sie die Leber zum karamellisierten Honig und braten sie darin von allen Seiten knusprig an. Anschließend füllen Sie sie zum Gemüse in die Pfanne. Würzen Sie alle Zutaten nach Belieben mit Salz.

5 Füllen Sie in den Bratensatz der Leber den Zitronensaft und die saure Sahne. Würzen Sie nach Belieben mit Salz und Pfeffer. Köcheln Sie die Zutaten, bis eine sämige Soße entsteht. Nach Fertigstellung gießen Sie die Soße in die Pfanne zur Leber-Gemüse-Mischung.

6 Zum Servieren bestreuen Sie die Speise mit der gehackten Petersilie.

ALBONDIGAS |

# HACKBÄLLCHEN IN TOMATENSOẞE

6 Port. 50 Min. Leicht

**Zutaten**

**Hackbällchen:**
500 g Hackfleisch, gemischt
1 EL Paniermehl
2 EL Petersilie, gehackt
1 EL Olivenöl
20 g Pinienkerne, gehackt
2 Knoblauchzehen
1 Ei
Je 1 Prise Salz & Pfeffer

**Tomatensoße:**
800 g Tomaten, gestückelt (Konserve)
250 g Zwiebeln
1 Chilipulver
2 Lorbeerblätter
3 Knoblauchzehen
1 TL Zucker
2 TL Thymian, getrocknet
1 TL Gemüsebrühpulver
1 EL Olivenöl
Je 1 Prise Salz & Pfeffer

**Nährwerte p. P.**

*299 kcal*
*11 g Kohlenhydrate*
*20 g Fett*
*20 g Eiweiß*

1 Geben Sie das Hackfleisch in eine Schüssel. Pellen Sie den Knoblauch und pressen Sie ihn zum Hackfleisch. Vermischen Sie das Ei, die Pinienkerne, die Petersilie, das Paniermehl, das Salz und den Pfeffer mit dem Hackfleisch und stellen Sie einen geschmeidigen Teig her. Formen Sie kleine Bällchen aus dem Hackfleischteig.

2 Erhitzen Sie das Olivenöl in einer Pfanne und braten Sie die Hackbällchen darin rundherum an. Anschließend stellen Sie sie zur weiteren Verwendung beiseite.

3 Bereiten Sie nun die Soße zu, indem Sie zunächst den Knoblauch pellen und in dünne Scheiben schneiden. Pellen Sie die Zwiebeln und schneiden Sie sie in kleine Würfel. Erhitzen Sie das Olivenöl in einem Topf und dünsten Sie den Knoblauch und die Zwiebeln glasig an. Geben Sie die Lorbeerblätter und den Thymian dazu und dünsten Sie alles für etwa 2 Minuten.

4 Füllen Sie die stückigen Tomaten in den Topf und vermischen Sie alles miteinander. Rühren Sie den Zucker unter und kochen Sie die Soße einmal auf. Schmecken Sie sie mit Chili, Pfeffer und Salz sowie dem Gemüsebrühpulver ab und köcheln Sie die Soße, bis sie sämig wird.

5 Nun fügen Sie die Hackbällchen zu und mischen sie unter die Soße. Köcheln Sie alle Zutaten für etwa 10 bis 15 Minuten, bis die Bällchen gar sind.

# COCIDO MADRILENO | KICHERERBSENEINTOPF

6 Port. 1,5 Std. Leicht

**Zutaten**

Je 300 g Rindfleisch & Schweinefleisch
200 g durchwachsener Speck
700 g Kichererbsen, aus der Dose
Je 1 Rinderknochen & Schinkenknochen (nach Möglichkeit vom Serrano-Schinken)
2 Chorizo (spanische Paprikawurst)
1 Paprika, rot
1 Möhre
3 Knoblauchzehen
1 Zwiebel
3 Lorbeerblätter
3 EL Olivenöl
2 Liter Wasser
1 kleine Tasse Wasser
1 Prise Salz

**Nährwerte p. P.**

*770 kcal*
*59 g Kohlenhydrate*
*38 g Fett*
*42 g Eiweiß*

1 Alternativ können Sie auch getrocknete Kichererbsen verwenden, diese müssen Sie dann über Nacht in Wasser einweichen.

2 Geben Sie die Kichererbsen mit den ganzen Fleischstücken in einen großen Topf. Legen Sie die Knochen und die Lorbeerblätter dazu und füllen Sie das Wasser hinein. Kochen Sie die Zutaten für etwa 1 Stunde. Sollte sich Schaum bilden, schöpfen Sie ihn mit einer Schaumkelle ab.

3 In der Zwischenzeit schneiden Sie den Speck in kleine Würfel. Pellen Sie die Zwiebel sowie den Knoblauch und schneiden Sie beides in kleine Stücke. Säubern Sie die Paprika und schneiden Sie sie in kleine Würfel. Schälen Sie die Möhre und schneiden Sie sie in kleine Stücke.

4 Erhitzen Sie das Olivenöl in einer Pfanne und braten Sie den Speck und die Zwiebeln darin an. Vermischen Sie die Paprika und die Möhre darin und geben Sie den Knoblauch und die Chorizo-Wurst hinzu. Füllen Sie die kleine Menge Wasser in die Pfanne und schmoren Sie alle Zutaten, bis das Gemüse gar ist.

5 Nach der Kochzeit des Fleisches geben Sie den Inhalt der Pfanne in den Topf und köcheln den Eintopf bei niedriger Temperatur für weitere 10 Minuten. Anschließend schmecken Sie die Speise mit Salz ab.

6 Zum Servieren nehmen Sie das Fleisch, die Knochen und die Wurst aus dem Topf und zerkleinern es in grobe Stücke. Richten Sie es auf einer Platte an und reichen Sie den Eintopf dazu.

# Hauptgerichte mit Fisch & Meeresfrüchten

# MALLORQUINISCHER FISCHTOPF

4 Port. | 45 Min. | Mittel

**Zutaten**

8 Riesengarnelen
2 Tintenfische
300 g Seeteufelsfilet
700 g passierte Tomaten
2 Möhren
4 Gewürznelken
4 Knoblauchzehen
2 Zwiebeln
2 Stangen Sellerie (Stangensellerie)
125 ml Sahne
125 ml Weißwein, trocken
2 EL Olivenöl
Je 1 Prise Salz, Pfeffer & Zucker
Petersilie, nach Belieben

**Nährwerte p. P.**

*605 kcal*
*26 g Kohlenhydrate*
*25 g Fett*
*63 g Eiweiß*

1 Säubern Sie den Sellerie und schneiden Sie ihn in dünne Scheiben. Schälen Sie die Möhren und schneiden Sie sie in kleine Würfel. Pellen Sie die Zwiebeln und den Knoblauch und schneiden Sie beides in kleine Stücke.

2 Erhitzen Sie das Olivenöl in einem ausreichend großen Topf und schwitzen Sie die Selleriescheiben, die Möhrenwürfel sowie die Zwiebel- und Knoblauchstücke darin an. Geben Sie die Gewürznelken hinein und löschen Sie alles mit dem Wein und den passierten Tomaten ab. Kochen Sie die Suppe unter Rühren kurz auf und reduzieren dann die Temperatur auf die niedrigste Stufe. Vermischen Sie anschließend die Sahne darin und schmecken Sie sie mit Salz, Pfeffer und Zucker ab.

3 Schneiden Sie die Seeteufelsfilets in mundgerechte Stücke und den Tintenfisch in Ringe. Schälen Sie die Garnelen und entfernen Sie den Darm, falls noch vorhanden. Geben Sie alle Fischteile in die Suppe. Köcheln Sie sie bei niedriger Temperatur für etwa 5 Minuten, bis der Fisch gargezogen ist.

4 Währenddessen spülen Sie die Petersilie ab und hacken sie in feine Stücke. Zum Servieren richten Sie die Suppe auf tiefen Tellern an und streuen die gehackte Petersilie darüber.

# CALAMARES MIT BOHNENPÜREE

4 Port. | 45 Min. | Mittel

**Zutaten**

400 g Calamari, klein und küchenfertig
125 ml Olivenöl
1 Chilischote, rot
2 Limetten
1 Zitrone
1 Knoblauchzehe
1 Zwiebel
4 Artischocken
1 Liter Wasser
1 EL Fenchelsaat
2 EL Crème fraîche
½ TL Paprikapulver, edelsüß
1 TL Cayennepfeffer
1 Bund Thymian
4 Stiele Petersilie
1 Lorbeerblatt
1 Dose Bohnen, weiß
Salz, Pfeffer & Zucker, nach Belieben

**Nährwerte p. P.**

*480 kcal*
*30 g Kohlenhydrate*
*26 g Fett*
*30 g Eiweiß*

1 Bereiten Sie zunächst die Vinaigrette vor. Dazu rösten Sie die Fenchelsaat in einer Pfanne ohne Fettzugabe an. Anschließend lassen Sie sie etwas abkühlen und zerstoßen sie dann mit einem Mörser. Säubern Sie die Chilischote und hacken Sie sie in feine Stücke. Entfernen Sie die Blätter des Thymians und hacken Sie 4 Stück davon in kleine Teile. Pressen Sie die Limetten aus und geben Sie 40 Milliliter davon in eine Schüssel. Mischen Sie 4 Esslöffel Olivenöl dazu und würzen Sie das Dressing nach Belieben mit Zucker und Salz. Nun mischen Sie die Fenchelsaat, den gehackten Thymian und die Chilistücke dazu und würzen alles nach Belieben mit Pfeffer.

2 Pellen Sie die Zwiebel und den Knoblauch und hacken Sie beides in feine Stücke. Geben Sie die Bohnen in ein Sieb und spülen Sie sie sorgfältig ab. Erhitzen Sie 2 Esslöffel Olivenöl in einem Topf und dünsten Sie darin die Zwiebel und den Knoblauch an. Geben Sie die Bohnen, das Lorbeerblatt und die übrigen Thymianblätter dazu und dünsten Sie alles für etwa 5 Minuten. Anschließend entfernen Sie das Lorbeerblatt und füllen die Crème fraîche hinein. Pürieren Sie alle Zutaten zu einem feinen Brei und schmecken Sie ihn nach Belieben mit Salz und Pfeffer ab. Stellen Sie das Bohnenpüree zum Warmhalten beiseite.

3 Pressen Sie die Zitrone aus und mischen Sie den Saft mit 1 Liter Wasser. Füllen Sie die Flüssigkeit in eine Schüssel.

4 Entfernen Sie die äußeren Blätter der Artischocken und schneiden Sie etwa 4 Blätter des oberen Teils ab. Kürzen Sie die Stiele und schälen Sie die Artischocken. Schneiden Sie sie in Viertel und entfernen Sie den strohigen Innenteil. Legen Sie die Artischocken in das vorbereitete Zitronenwasser. Spülen Sie die Petersilie ab und hacken Sie sie in grobe Stücke.

5 Säubern Sie die Calamares und tupfen Sie sie trocken. Vermischen Sie in einer Schüssel 2 Esslöffel Olivenöl mit dem Paprikapulver, dem Cayennepfeffer und Pfeffer nach Belieben und geben Sie die Calamares dazu. Vermischen Sie alles miteinander und stellen Sie die Schüssel für wenige Minuten zum Ziehen beiseite.

6 Füllen Sie die Artischocken zum Abtropfen in ein Sieb. Das übrige Olivenöl erhitzen Sie in einer Pfanne und braten darin die Artischocken von allen Seiten für etwa 10 Minuten. Vermischen Sie kurz vor Ende der Garzeit die Petersilie darin und würzen Sie die Artischocken nach Belieben mit Salz und Pfeffer.

7 Erhitzen Sie eine ausreichend große Pfanne und braten Sie die Calamares bei hoher Temperatur für etwa 3 Minuten. Wenden Sie sie zwischendurch, damit sie nicht anbrennen, und würzen Sie sie nach Belieben mit Salz.

8 Zum Servieren richten Sie das Bohnenpüree mit den Artischocken und den Calamares auf einem Teller an und träufeln die Fenchel-Vinaigrette darüber.

LLENTIES AMB MARISC |

# LINSEN MIT MEERESFRÜCHTEN

6 Port. 1.5 Std. Mittel

**Zutaten**

250 g Venusmuscheln, aus der Dose
500 g Tintenfisch
15 Garnelen, küchenfertig
15 Miesmuscheln, aus der Dose
400 g Linsen, grün
100 ml Weißwein
1 Liter Gemüsebrühe
1 Zwiebel
5 Knoblauchzehen
5 Tomaten
Olivenöl zum Braten
Salz, Pfeffer & Paprikapulver, nach Belieben

**Nährwerte p. P.**

*474 kcal*
*49 g Kohlenhydrate*
*6 g Fett*
*50 g Eiweiß*

1 Gießen Sie die Gemüsebrühe in einen Topf und kochen Sie sie auf. Geben Sie die Linsen hinein und köcheln Sie sie bei mittlerer Temperatur für etwa 45 Minuten.

2 In der Zwischenzeit überbrühen Sie die Tomaten mit heißem Wasser und entfernen die Haut. Schneiden Sie sie in kleine Stücke. Pellen Sie die Zwiebel und den Knoblauch und hacken Sie beides in kleine Stücke. Schneiden Sie den Tintenfisch in mundgerechte Stücke.

3 Erhitzen Sie das Olivenöl in einer Pfanne und braten Sie den Tintenfisch darin an. Geben Sie die Zwiebel, den Knoblauch und die Tomatenstücke dazu und vermischen Sie alles miteinander. Würzen Sie die Zutaten mit Salz und Pfeffer und köcheln Sie sie kurz ein. Anschließend löschen Sie alles mit dem Wein ab.

4 Nach der Kochzeit der Linsen fügen Sie den Pfanneninhalt in den Topf und mischen alles gut zusammen. Stellen Sie den Topf zum Warmhalten in den Backofen.

5 Geben Sie wieder etwas Olivenöl in die Pfanne und braten Sie die Garnelen, die Venusmuscheln und die Miesmuscheln kurz an. Würzen Sie die Meeresfrüchte nach Belieben mit Paprikapulver und Salz.

6 Zum Servieren richten Sie die Linsenspeise in tiefen Tellern an und garnieren sie mit den Meeresfrüchten.

# FISCH IM TONTOPF

4 Port. | 1,5 Std. | Mittel

**Zutaten**

800 g Fischfilet nach Wahl
30 g Mandeln, gehackt
2 Paprika, rot
3 Zwiebeln
3 Knoblauchzehen
2 Tomaten
1 Scheibe Weißbrot, alt
7 EL Olivenöl
2 EL Mehl
200 ml Fischfond, aus dem Glas
1 Handvoll Oliven, schwarz
1 Spritzer Zitronensaft
1 TL Wasser
Salz & Pfeffer, nach Belieben

**Nährwerte p. P.**

*599 kcal*
*17 g Kohlenhydrate*
*43 g Fett*
*34 g Eiweiß*

1 Schneiden Sie das Fischfilet in mundgerechte Stücke. Wenden Sie es in Mehl und würzen Sie es nach Belieben. Pellen Sie die Zwiebeln und schneiden Sie sie in Scheiben. Säubern Sie die Paprika und schneiden Sie sie in Streifen. Häuten Sie die Tomaten und schneiden Sie sie in Würfel. Pellen Sie den Knoblauch und schneiden Sie ihn in Scheiben. Legen Sie einige Scheibchen beiseite. Heizen Sie den Backofen auf 180 °C mit Umluftfunktion vor.

2 Erhitzen Sie 3 Esslöffel Olivenöl in einer Pfanne und braten Sie die Fischstücke von allen Seiten kurz an. Geben Sie sie in einen hitzebeständigen Tontopf oder in eine Auflaufform.

3 Erhitzen Sie das übrige Olivenöl in der Pfanne und braten Sie darin die Zwiebeln, die Paprika, die Tomaten und den Knoblauch (bis auf die beiseitegestellten Scheibchen) an. Würzen Sie das Gemüse nach Belieben mit Salz und Pfeffer. Gießen Sie den Fischfond dazu und kochen Sie die Zutaten kurz auf. Nun geben Sie den Inhalt der Pfanne über den Fisch in die Auflaufform.

4 Geben Sie die Mandeln, das alte Stück Weißbrot und den beiseitegestellten Knoblauch mit dem Wasser in einen Mörser und verarbeiten Sie alles zu einer feinen Paste. Verteilen Sie sie über dem Gemüse in der Auflaufform und geben Sie die Oliven darüber.

5 Garen Sie die Speise für etwa 15 Minuten im Backofen. Anschließend schmecken Sie sie mit dem Zitronensaft ab.

GAMBAS IN WEINSOßE |

# GARNELEN

4 Port. | 30 Min. | Leicht

**Zutaten**

250 g Garnelen, küchenfertig
1 Chilischote
½ Knoblauchknolle
75 ml Weißwein, trocken
1 EL Petersilie
50 ml Olivenöl
Zitronensaft, nach Belieben
Je 1 Prise Salz & Pfeffer

**Nährwerte p. P.**

*226 kcal*
*8 g Kohlenhydrate*
*14 g Fett*
*14 g Eiweiß*

1 Pellen Sie den Knoblauch und pressen Sie ihn in ein Schälchen. Säubern Sie die Chilischote und schneiden Sie sie in kleine Stücke.

2 Füllen Sie das Olivenöl in eine Auflaufform und vermischen Sie den Knoblauch und die Chilistücke darin. Heizen Sie den Backofen auf 200 °C mit Ober- und Unterhitze oder 180 °C mit Umluftfunktion vor.

3 Geben Sie die Garnelen in eine Schüssel und vermischen Sie sie mit dem Salz und dem Pfeffer. Nun legen Sie sie in die Auflaufform zum Knoblauch-Chili-Gemisch.

4 Schieben Sie die Auflaufform auf die mittlere Schiene des Backofens und garen Sie die Garnelen für etwa 5 Minuten. Anschließend füllen Sie den Weißwein in die Auflaufform und garen die Speise für weitere 5 Minuten.

5 Spülen Sie die Petersilie ab und hacken Sie sie in kleine Stücke. Verteilen Sie die Petersilie über den Garnelen.

6 Zum Servieren geben Sie einige Spritzer Zitronensaft über die Garnelen.

# GEGRILLTER TINTENFISCH

1 Port. 30 Min. Leicht

**Zutaten**

2 Stck. Tintenfische, küchenfertig
1 Knoblauchzehe
½ Zitrone, den Saft davon
3 EL Olivenöl
½ TL Rosmarin
1 TL Petersilie, gehackt
1 Msp. Salbei, gehackt
Je 1 Prise Salz & Pfeffer

**Nährwerte p. P.**

*297 kcal*
*6 g Kohlenhydrate*
*31 g Fett*
*1 g Eiweiß*

1 Schneiden Sie die Fangarme der Tintenfische in mundgerechte Stücke. Der Körper wird im Ganzen gegrillt.

2 Pellen Sie den Knoblauch und pressen Sie ihn in ein Rührschüssel. Vermischen Sie ihn mit dem Olivenöl, der Petersilie, dem Salbei, dem Rosmarin und dem Zitronensaft. Würzen Sie die Marinade mit Salz und Pfeffer.

3 Anschließend geben Sie alle Tintenfischstücke in die Marinade und vermischen alle Zutaten sorgfältig miteinander.

4 Heizen Sie den Grill an oder verwenden Sie zum Garen eine Pfanne oder einen Kontaktgrill. Grillen Sie die Tintenfischstücke für etwa 10 bis 15 Minuten und wenden Sie sie zwischendurch.

# KNOBLAUCHGARNELEN

4 Port. | 30 Min. | Leicht

**Zutaten**

500 g Garnelen, küchenfertig
1 Zitrone, unbehandelt
2 Chilischoten, rot
8 Knoblauchzehen
1 Zweig Dill
100 ml Olivenöl
Je 1 Prise Salz & Pfeffer

**Nährwerte p. P.**

*427 kcal*
*20 g Kohlenhydrate*
*25 g Fett*
*29 g Eiweiß*

1 Pellen Sie den Knoblauch und schneiden Sie jede Zehe in 4 Stücke. Säubern Sie die Garnelen und legen Sie sie zum Abtropfen auf ein Stück Küchenpapier. Säubern Sie die Chilischoten und schneiden Sie sie in dünne Ringe. Schneiden Sie die Zitrone in dickere Scheiben. Beträufeln Sie die Garnelen mit etwas Zitronensaft aus 1 oder 2 Scheiben. Zupfen Sie den Dill in kleine Stücke.

2 Erhitzen Sie das Olivenöl in einer Pfanne. Tupfen Sie die Garnelen noch einmal trocken und würzen Sie sie mit Salz und Pfeffer. Geben Sie die Garnelen, die Chiliringe und die Zitronenscheiben in die Pfanne. Braten Sie die Garnelen für etwa 3 bis 4 Minuten von allen Seiten an. Nach 2 Minuten geben Sie die Knoblauchstücke und den Dill dazu. Rühren Sie zwischendurch immer wieder um, damit der Knoblauch nicht verbrennt.

3 Zum Servieren richten Sie die Garnelen mit dem Bratöl auf einer entsprechend tiefen Servierplatte an.

# GARNELEN-PAELLA

2 Port. | 1 Std. | Leicht

**Zutaten**

100 g Garnelen
300 g Bomba Reis
120 g Paprika, gelb
120 g Bohnen, grün
300 ml Wasser
300 ml Gemüsebrühe
2 Tomaten
2 Knoblauchzehen
2 Zwiebeln
1 Zitrone
5 EL Olivenöl
5 EL Currypulver
Je 5 TL Salz & Pfeffer
1 Msp. Safran

**Nährwerte p. P.**

*1.014 kcal*
*137 g Kohlenhydrate*
*31 g Fett*
*31 g Eiweiß*

1 Pellen Sie die Zwiebeln und den Knoblauch und schneiden Sie beides in kleine Würfel. Schneiden Sie die Tomaten in Würfel. Säubern Sie die Paprika und schneiden Sie sie in kleine Stücke. Entfernen Sie die Enden der Bohnen und schneiden Sie sie in Stücke. Pressen Sie den Saft aus der Zitrone.

2 Erhitzen Sie das Olivenöl in einer großen Pfanne und dünsten Sie die Zwiebeln und den Knoblauch darin an. Geben Sie die Garnelen dazu und braten Sie sie kurz mit. Anschließend nehmen Sie sie wieder aus der Pfanne. Geben Sie nun das klein geschnittene Gemüse hinzu und vermischen Sie alles miteinander.

3 Nun verrühren Sie den Reis mit den Zutaten in der Pfanne. Mischen Sie den Safran und das Currypulver dazu und gießen Sie das Wasser und die Gemüsebrühe hinein. Kochen Sie alle Zutaten kurz auf und reduzieren Sie dann die Temperatur. Köcheln Sie die Speise, bis die Flüssigkeit vom Reis aufgenommen wurde. Rühren Sie währenddessen NICHT um.

4 Nun fügen Sie die Garnelen wieder bei und würzen sie mit Salz und Pfeffer. Legen Sie einen Deckel auf und lassen Sie die Speise für etwa 10 Minuten ruhen. Zum Servieren beträufeln Sie die Paella mit dem Zitronensaft.

# Vegetarische/vegane Hauptgerichte

# TUMBET MALLORQUIN | GEMÜSEAUFLAUF

2 Port. 1,5 Std. Leicht

**Zutaten**

1 Zucchini
1 Aubergine
4 Kartoffeln
3 Knoblauchzehen
2 Paprika, rot
1 Dose stückige Tomaten
1 Lorbeerblatt
5 EL Olivenöl
Kräuter, nach Belieben (Thymian, Oregano, Petersilie, Majoran)
1 TL Zucker
Salz & Pfeffer, nach Belieben

**Nährwerte p. P.**

*378 kcal*
*51 g Kohlenhydrate*
*13 g Fett*
*11 g Eiweiß*

1 Säubern Sie die Aubergine und entfernen Sie den Strunk. Schneiden Sie sie in etwa 4 Millimeter dicke Scheiben und würzen Sie sie von beiden Seiten mit Salz. Legen Sie die Scheiben in eine Schüssel und gießen Sie etwas Wasser auf. Stellen Sie die Auberginenscheiben für 15 Minuten beiseite.

2 Währenddessen schälen Sie die Kartoffeln und schneiden sie in dünne Scheiben. Säubern Sie die Zucchini und schneiden Sie sie ebenfalls in etwa 4 Millimeter dicke Scheiben. Säubern Sie die Paprika und schneiden Sie sie in Würfel. Pellen Sie den Knoblauch und hacken Sie ihn in feine Stücke.

3 Erhitzen Sie 1 Esslöffel Olivenöl in einer Kasserolle und dünsten Sie darin den Knoblauch glasig an. Füllen Sie die Tomaten, den Zucker und das Lorbeerblatt hinzu. Würzen Sie die Zutaten mit Salz und Pfeffer und vermischen Sie alles miteinander. Geben Sie nach Belieben auch einige Kräuter wie Thymian, Oregano, Petersilie und/oder Majoran dazu. Köcheln Sie die Soße bei niedriger Temperatur für etwa 20 Minuten.

4 Währenddessen erhitzen Sie einen weiteren Esslöffel Olivenöl in einer Pfanne und braten darin die Kartoffelscheiben an. Füllen Sie sie anschließend in eine Auflaufform und würzen Sie sie mit Salz und Pfeffer.

5 Geben Sie wiederum 1 Esslöffel Olivenöl in die Pfanne. Trocknen Sie mit einem Stück Küchenpapier die Auberginenscheiben ab und braten Sie sie darin an. Schichten Sie die Auberginenscheiben auf die Kartoffelscheiben. Würzen Sie sie nur mit Pfeffer.

6 Nun erhitzen Sie den vierten Esslöffel Olivenöl in der Pfanne und braten darin die Zucchinischeiben an. Danach schichten Sie sie auf die Auberginenscheiben und würzen sie mit Salz und Pfeffer.

7 Erhitzen Sie nun den letzten Esslöffel Olivenöl und braten Sie darin die Paprikawürfel an. Würzen Sie sie mit Salz und Pfeffer und füllen Sie sie in die Auflaufform. Gießen Sie die Tomatensoße über den Auflauf und heizen Sie den Backofen auf 180 °C mit Ober- und Unterhitze vor.

8 Garen Sie den Auflauf für etwa 30 Minuten auf der mittleren Schiene.

**Tipp:** Der Auflauf kann gut am Vortag vorbereitet werden. Im Backofen garen Sie ihn dann, wenn Sie ihn zubereiten möchten.

# GEMÜSE-COCA | GEMÜSEPIZZA

8 Port. | 2 Std. 10 Min. | Leicht

**Zutaten**

**Teig:**
100 ml Olivenöl
250 g Mehl
12 g Hefe, frisch
1 Eigelb
90 ml Wasser, lauwarm
1 Prise Zucker
1 TL Salz
Mehl für die Arbeitsfläche

**Belag:**
200 g Zwiebeln
150 g Kirschtomaten
Je 200 g Zucchini & Auberginen
Je 2 Paprika, rot & gelb
2 Knoblauchzehen
6 Stiele Petersilie
5 Stiele Thymian
2 TL Paprikapulver, rosenscharf
Salz & Pfeffer, nach Belieben
Olivenöl zum Beträufeln

**Nährwerte p. P.**

*275 kcal*
*30 g Kohlenhydrate*
*14 g Fett*
*6 g Eiweiß*

1 Geben Sie das Mehl in eine Rührschüssel und formen Sie in der Mitte eine Mulde. Füllen Sie das Wasser sowie den Zucker hinein und bröseln Sie die Hefe dazu. Sie soll sich in der Flüssigkeit auflösen.

2 Nun träufeln Sie die Hälfte des Olivenöls an den Rand der Mehlmulde und geben das Eigelb und 1 Teelöffel Salz dazu. Anschließend verkneten Sie alle Zutaten zu einem geschmeidigen Teig. Formen Sie eine Kugel daraus und bestäuben Sie sie mit etwas Mehl. Decken Sie die Schüssel ab und stellen Sie sie für etwa 45 Minuten an einen warmen Ort.

3 In der Zwischenzeit bereiten Sie den Belag vor. Heizen Sie den Backofen auf 200 °C mit Grillfunktion vor. Säubern Sie die Paprika und schneiden Sie sie in Viertel. Legen Sie sie mit der Haut nach oben auf ein mit Backpapier ausgelegtes Blech und rösten Sie sie im Backofen für etwa 8 Minuten. Die Haut soll sich schwärzen und Blasen werfen. Anschließend stellen Sie sie für 5 Minuten mit einem feuchten Tuch abgedeckt zur Seite. Danach entfernen Sie die Haut und schneiden sie in dünne Streifen.

4 Pellen Sie die Zwiebeln und schneiden Sie sie in feine Würfel. Halbieren Sie zunächst die Zucchini und schneiden Sie sie anschließend in dünne Scheiben. Pellen Sie den Knoblauch und hacken Sie ihn in feine Stücke. Schneiden Sie die Aubergine in kleine Würfel und halbieren Sie die Kirschtomaten. Spülen Sie die Petersilie und den Thymian ab und hacken Sie beides in grobe Stücke.

**5** Bereiten Sie eine Arbeitsfläche mit Mehl vor und rollen Sie den Teig auf die Größe des Backbleches aus. Er soll etwa 3 Millimeter dick sein. Belegen Sie ein Blech mit Backpapier und legen Sie den Teig darauf. Bestreichen Sie ihn mit dem übrigen Olivenöl und würzen Sie ihn mit dem Paprikapulver.

**6** Heizen Sie den Backofen auf 200 °C mit Umluftfunktion vor und verteilen Sie das vorbereitete Gemüse auf dem Teig. Backen Sie die Gemüsepizza auf der mittleren Schiene für etwa 45 Minuten.

**7** Nach dem Backvorgang würzen Sie die Coca nach Belieben mit Salz und Pfeffer und träufeln zum Servieren noch etwas Olivenöl darüber.

ALCACHOFAS ESTOFADAS |

# GESCHMORTE ARTISCHOCKEN

4 Port. 45 Min. Leicht

**Zutaten**

1 kg Artischocken
4 Knoblauchzehen
2 Tomaten
1 Zwiebel
100 ml Weißwein
100 ml Olivenöl
1 EL Mandeln, geröstet + grob gehackt
Petersilienblätter zum Belegen
1 TL Salz

**Nährwerte p. P.**

*390 kcal*
*12 g Kohlenhydrate*
*27 g Fett*
*8 g Eiweiß*

1 Entfernen Sie die äußeren Blätter der Artischocken. Schneiden Sie den oberen Teil und den Stielansatz ab. Anschließend schneiden Sie die Artischocken in Viertel. Legen Sie die Viertel in eine Schüssel und verteilen Sie rund um die Schnittflächen die Petersilienblätter. Damit verhindern Sie eine Braunfärbung der Artischocken.

2 Pellen Sie die Zwiebeln und den Knoblauch und schneiden Sie beides in kleine Stücke. Übergießen Sie die Tomaten mit heißem Wasser und entfernen Sie die Haut. Anschließend schneiden Sie sie in kleine Stücke.

3 Erhitzen Sie das Olivenöl in einem Topf und dünsten Sie die Zwiebeln und den Knoblauch darin an. Geben Sie die Tomaten dazu und dünsten Sie sie für wenige Minuten mit. Dann legen Sie die Artischockenstücke hinein und würzen alles mit Salz.

4 Füllen Sie den Wein in den Topf und köcheln Sie die Speise, bis die Artischocken gar sind. Sie dürfen gerne bissfest bleiben, wenn Sie es mögen.

5 Zum Servieren rühren Sie die Mandeln dazu.

TORTILLA DE PATATAS |

# KARTOFFEL-TORTILLA

4 Port. | 50 Min. | Leicht

**Zutaten**

800 g Kartoffeln
8 Eier
2 Lauchzwiebeln
2 Knoblauchzehen
Olivenöl
Salz & Pfeffer, nach Belieben

**Nährwerte p. P.**

*396 kcal*
*41 g Kohlenhydrate*
*18 g Fett*
*14 g Eiweiß*

1 Schälen Sie die Kartoffeln und schneiden Sie sie in etwa 3 Millimeter dicke Scheiben. Geben Sie so viel Olivenöl in eine große Pfanne, bis es etwa 3 Zentimeter hoch in dieser steht. Erhitzen Sie es und braten Sie die Kartoffeln darin von allen Seiten für etwa 10 Minuten.

2 In der Zwischenzeit pellen Sie den Knoblauch und säubern die Lauchzwiebeln. Hacken Sie beides in feine Stücke und geben Sie sie in die Pfanne. Nach kurzem Braten füllen Sie den Inhalt der Pfanne in ein Sieb und fangen das Öl auf.

3 Entnehmen Sie 2 Esslöffel des aufgefangenen Olivenöls und geben Sie es wieder in die Pfanne. Verquirlen Sie die Eier und würzen Sie sie mit Salz und Pfeffer. Würzen Sie nun auch die etwas abgekühlte Kartoffelmischung mit Salz. Vermischen Sie sie vorsichtig mit den Eiern.

4 Erhitzen Sie die Pfanne mit dem Olivenöl und geben Sie die Ei-Kartoffel-Mischung hinein. Reduzieren Sie die Temperatur auf die niedrigste Einstellung und legen Sie einen Deckel auf die Pfanne. Stocken Sie die Eiermischung für etwa 6 Minuten. Anschließend wenden Sie die Tortilla auf die andere Seite und legen den Deckel wieder auf. Stocken Sie die Speise für weitere 6 Minuten.

5 Die Tortilla de Patatas kann warm oder kalt serviert werden.

# Beilagen

# MANGOLDGEMÜSE MIT CHORIZO

6 Port. 45 Min. Leicht

**Zutaten**

600 g Mangold (alternativ weißer Mangold)
75 g Chorizo
2 EL Olivenöl
2 Zwiebeln
Salz, nach Belieben

**Nährwerte p. P.**

*80 kcal*
*5 g Kohlenhydrate*
*5 g Fett*
*5 g Eiweiß*

1 Schneiden Sie die Wurst in kleine Würfel. Pellen Sie die Zwiebeln und schneiden Sie sie in kleine Stücke. Säubern Sie den Mangold und schneiden Sie die Stiele heraus. Die Stiele schneiden Sie in etwa 3 Zentimeter lange Stücke. Zu breite Stiele halbieren Sie vorher. Die Blätter schneiden Sie der Länge nach durch und anschließend schneiden Sie sie in Streifen.

2 Erhitzen Sie das Öl in einem Topf und braten Sie darin die Wurst und die Zwiebeln an. Geben Sie die Mangoldstiele dazu und dünsten Sie alle Zutaten für etwa 3 Minuten. Würzen Sie nach Belieben mit Salz und legen Sie einen Deckel auf die Pfanne. Bei mittlerer Temperatur dünsten Sie alles für etwa 5 Minuten.

3 Anschließend heben Sie vorsichtig die Mangoldblätter darunter. Legen Sie den Deckel wieder auf und dünsten Sie die Speise für weitere 7 Minuten.

4 Zum Servieren richten Sie das Gemüse in einer Servierschüssel an.

# PATATAS BRAVAS | PIKANTE KARTOFFELN

4 Port. 45 Min. Leicht

**Zutaten**

800 g Kartoffeln
6 Tomaten
1 Knoblauchzehe
1 Zwiebel
50 ml Olivenöl
1 EL Tomatenmark
Salz, Pfeffer, Tabasco & Petersilie, nach Belieben

**Nährwerte p. P.**

*308 kcal*
*39 g Kohlenhydrate*
*13 g Fett*
*6 g Eiweiß*

1 Schälen Sie die Kartoffeln und schneiden Sie sie in grobe Würfel. Kochen Sie sie in Salzwasser für etwa 5 Minuten und stellen Sie sie anschließend zum Abkühlen beiseite.

2 In der Zwischenzeit pellen Sie die Zwiebel und die Knoblauchzehe und schneiden beides in kleine Würfel. Überbrühen Sie die Tomaten mit heißem Wasser und entfernen Sie die Haut und die Kerne. Schneiden Sie sie in Würfel. Spülen Sie die Petersilie ab und hacken Sie sie in grobe Stücke.

3 Erhitzen Sie 3 Esslöffel des Olivenöls in einer Pfanne und dünsten Sie die Zwiebel und den Knoblauch darin an. Geben Sie die Tomatenwürfel und das Tomatenmark dazu und vermischen Sie alles miteinander. Köcheln Sie die Zutaten bei niedriger Temperatur für etwa 5 Minuten. Schmecken Sie alles mit Salz, Pfeffer und Tabasco ab.

4 Erhitzen Sie das übrige Olivenöl (eventuell etwas mehr) in einem Topf und frittieren Sie darin die Kartoffelwürfel für etwa 5 Minuten. Füllen Sie sie in eine Servierschüssel und verteilen Sie die Soße aus der Pfanne darüber.

PIMIENTOS DE PADRON |

# GEBRATENE PAPRIKA

4 Port. 30 Min. Leicht

**Zutaten**

24 Grillpaprika, grün (alternativ normale Paprika)
100 ml Olivenöl
Salz, nach Belieben

**Nährwerte p. P.**

*276 kcal*
*7 g Kohlenhydrate*
*26 g Fett*
*3 g Eiweiß*

1 Bei Verwendung herkömmlicher Paprika säubern Sie diese und schneiden sie in mundgerechte Stücke. Grillpaprika können Sie ohne vorherige Bearbeitung zubereiten.

2 Erhitzen Sie das Olivenöl in einer Pfanne und braten Sie die Paprika für wenige Minuten unter Wenden an. Würzen Sie sie nach Belieben mit Salz.

3 Zum Servieren richten Sie die Paprika auf einer Servierplatte an.

SOFRIT |

# GEBRATENES GEMÜSE

4 Port. 45 Min. Leicht

**Zutaten**

200 g Zucchini
200 g Aubergine
200 g Zwiebeln
200 g Tomaten
200 g Paprika, rot
2 Knoblauchzehen
½ Bund Petersilie
Salz & Pfeffer, nach Belieben

**Nährwerte p. P.**

*280 kcal*
*11 g Kohlenhydrate*
*23 g Fett*
*4 g Eiweiß*

1 Säubern Sie die Zucchini und die Aubergine und schälen Sie sie gegebenenfalls. Schneiden Sie beides in mundgerechte Scheiben. Pellen Sie die Zwiebeln und schneiden Sie sie in dünne Ringe. Säubern Sie die Paprika und die Tomaten und schneiden Sie beides in mundgerechte Stücke. Pellen Sie den Knoblauch und hacken Sie ihn in Stücke. Spülen Sie die Petersilie ab und hacken Sie sie in grobe Stücke.

2 Braten Sie jede Gemüsesorte einzeln in Olivenöl in einer Pfanne für etwa 5 Minuten an und holen Sie es anschließend wieder heraus. Anschließend vermischen Sie alle Gemüsesorten in der Pfanne und braten sie für weitere 5 Minuten. Würzen Sie die Speise nach Belieben mit Pfeffer und Salz.

3 Vermischen Sie die Petersilie mit dem Knoblauch und verteilen Sie die Mischung zum Servieren über dem gebratenen Gemüse.

# PANIERTE TOMATEN

4 Port. | 30 Min. | Leicht

**Zutaten**

4 Fleischtomaten
150 g Paniermehl
4 Eier
5 EL Olivenöl
2 EL Basilikum, frisch
1 Prise Salz

**Nährwerte p. P.**

*287 kcal*
*21 g Kohlenhydrate*
*18 g Fett*
*11 g Eiweiß*

1 Spülen Sie das Basilikum ab und hacken Sie es in feine Stücke. Säubern Sie die Tomaten und entfernen Sie den Stielansatz. Schneiden Sie die Tomaten in etwa 1 Zentimeter dicke Scheiben. Verteilen Sie die Tomatenscheiben auf einer Platte und bestreuen Sie sie mit dem Salz. Stellen Sie sie für 30 Minuten zum Ziehen beiseite.

2 In der Zwischenzeit verquirlen Sie die Eier und mischen das Basilikum dazu. Geben Sie das Paniermehl auf einen flachen Teller. Tupfen Sie die Tomatenscheiben trocken und wenden Sie sie im Paniermehl. Anschließend ziehen Sie sie durch die Eimischung und wenden sie dann noch einmal im Paniermehl. Drücken Sie die Panade vorsichtig fest.

3 Erhitzen Sie das Olivenöl in einer Pfanne und braten Sie die panierten Tomatenscheiben von beiden Seiten, bis sie eine goldgelbe Farbe angenommen haben.

# GEBRATENER SCHAFSKÄSE

4 Port. | 20 Min. | Leicht

**Zutaten**

250 g Feta-Käse
1 Zitrone, den Saft davon
4 EL Olivenöl
3 EL Mehl

**Nährwerte p. P.**

*252 kcal*
*5 g Kohlenhydrate*
*21 g Fett*
*11 g Eiweiß*

1 Schneiden Sie den Käse in etwa 1 Zentimeter dicke Scheiben. Verteilen Sie das Mehl auf einem flachen Teller und wenden Sie die Käsescheiben darin.

2 Erhitzen Sie mit hoher Temperatur das Olivenöl in einer Pfanne. Braten Sie die Käsescheiben von beiden Seiten knusprig aus. Anschließend geben Sie sie zum Entfetten auf ein Stück Küchenpapier.

3 Zum Servieren träufeln Sie den Zitronensaft darüber.

# ZITRONENKARTOFFELN

4 Port. 1 Std. Leicht

**Zutaten**

750 g Kartoffeln, festkochend
½ Bund Petersilie
3 Knoblauchzehen
2 Zitronen, den Saft davon
1 EL Weißweinessig
4 EL Gemüsebouillon
5 EL Olivenöl
2 Prisen Pfeffer, schwarz

**Nährwerte p. P.**

*364 kcal*
*39 g Kohlenhydrate*
*20 g Fett*
*6 g Eiweiß*

1 Kochen Sie die Kartoffeln als Pellkartoffeln. Anschließend gießen Sie sie ab und stellen sie zum Abkühlen beiseite. Nach dem Abkühlen pellen Sie die Kartoffeln und schneiden sie in etwa 1 Zentimeter dicke Scheiben. Geben Sie die Kartoffelscheiben in eine große Servierschüssel.

2 In der Zwischenzeit pellen Sie den Knoblauch und schneiden ihn in feine Würfel. Spülen Sie die Petersilie ab und hacken Sie sie in feine Stücke.

3 Füllen Sie das Olivenöl, den Zitronensaft und den Essig in eine Schüssel und vermischen Sie alles miteinander. Würzen Sie die Marinade mit dem Pfeffer und der Gemüsebouillon. Nun verrühren Sie den Knoblauch darin.

4 Gießen Sie die Marinade über die Kartoffelscheiben und heben Sie sie vorsichtig unter. Zum Servieren garnieren Sie die Speise mit der Petersilie.

# Fingerfood & Snacks

PA AMB OLI |

# BROT MIT ÖL – MALLORQUINISCHES BUTTERBROT

1 Port. 10 Min. Leicht

**Zutaten**

1 Scheibe Graubrot nach Wahl
1 Knoblauchzehe
1 Tomate
Je 1 Prise Salz & Pfeffer
Olivenöl, nach Belieben
Hartkäse, nach Belieben (alternativ Ziegenfrischkäse)
Schinken (Serrano-Schinken, Pata negra), nach Belieben

**Nährwerte p. P.**

*353 kcal*
*29 g Kohlenhydrate*
*21 g Fett*
*10 g Eiweiß*

1 Toasten Sie zunächst die Scheibe Graubrot. Sie können es alternativ auch mit Olivenöl in der Pfanne von beiden Seiten anbraten. Währenddessen pellen Sie die Knoblauchzehe.

2 Anschließend reiben Sie die Brotscheibe beidseitig mit der Knoblauchzehe ein und träufeln Olivenöl darüber. Würzen Sie es mit Salz.

3 Schneiden Sie die Tomate zur Hälfte durch und reiben Sie sie über das Brot. Drücken Sie dabei das Fruchtfleisch und den Saft heraus. Alternativ können Sie die Tomate auch in kleine Würfel schneiden und sie auf das Brot geben. Würzen Sie nach Belieben mit Pfeffer.

4 Belegen Sie das Brot nach Belieben mit Hartkäse oder Schinken.

**Tipp:** Für das Brot wird auf Mallorca „pan moreno“ verwendet. Dies ist ein ungesalzenes dunkles Brot.

# EINGELEGTE OLIVEN

10 Port. 15 Min. Leicht

**Zutaten**

500 g Oliven, schwarz + abgetropft
125 ml Olivenöl
2 Zweige Rosmarin
1 Chilischote, rot
1 Orange, unbehandelt
1 EL Honig, flüssig
4 Knoblauchzehen
2 ½ EL Balsamico, dunkel
1 Prise Salz

**Nährwerte p. P.**

*180 kcal*
*3 g Kohlenhydrate*
*18 g Fett*
*1 g Eiweiß*

1 Spülen Sie den Rosmarin und streifen Sie die Nadeln ab. Hacken Sie sie in feine Stücke. Schälen Sie die Orange ganz dünn ab, das Weiße belassen Sie an der Frucht. Schneiden Sie die Schale in kleine Stücke und pressen Sie anschließend den Saft aus der Orange. Pellen Sie den Knoblauch und schneiden Sie ihn in dünne Scheiben. Sie können ihn auch pressen. Säubern Sie die Chilischote und schneiden Sie sie in kleine Stücke.

2 Geben Sie die Oliven in ein Glas mit Schraubdeckelverschluss. Fügen Sie die Orangenschale, das Salz, die Rosmarinnadeln, den Essig, den Knoblauch und die Chilistücke dazu. Verschließen Sie das Glas und vermischen Sie alle Zutaten durch kräftiges Schütteln.

3 Nun füllen Sie das Olivenöl, den Honig und den Orangensaft hinzu. Geben Sie etwas Olivenöl dazu, falls die Oliven nicht vollständig mit der Flüssigkeit bedeckt sind. Stellen Sie das Glas verschlossen für mindestens 3 Tage in den Kühlschrank. Zwischendurch schütteln Sie es durch, damit sich alle Zutaten gleichmäßig verteilen.

**Tipp:** Sie können die Oliven für etwa 2 Wochen im Kühlschrank lagern.

EMPANADAS |

# GEFÜLLTE TEIGTASCHEN

12 Port. | 1 Std. 15 Min. | Leicht

**Zutaten**

500 g Mehl
500 g Kartoffeln
100 g Chorizo-Wurst
100 g Aiwar (Rezept in diesem Kochbuch)
200 ml Wasser, lauwarm
125 g Schweineschmalz
2 EL Schweineschmalz
1 Ei
1 Paprika, rot
1 EL Milch
etwas Mehl für die Arbeitsfläche
Je 1 Prise Salz & Pfeffer

**Nährwerte p. P.**

*320 kcal*
*36 g Kohlenhydrate*
*16 g Fett*
*7 g Eiweiß*

1 Geben Sie die große Menge Schweineschmalz in einen Topf und erhitzen Sie es, bis es geschmolzen ist. Stellen Sie es zum Abkühlen beiseite.

2 Füllen Sie das Mehl, das Wasser und das Schmalz aus dem Topf in eine Schüssel und verkneten Sie alles mit einem Handrührgerät mit Knethaken. Wickeln Sie den Teig in ein Stück Frischhaltefolie und legen Sie ihn für 1 Stunde in den Kühlschrank.

3 In der Zwischenzeit schneiden Sie die Chorizo-Wurst in Würfel. Schälen Sie die Kartoffeln und schneiden Sie sie in Würfel. Säubern Sie die Paprika und schneiden Sie sie in Streifen.

4 Erhitzen Sie die 2 Esslöffel Schweineschmalz in einer Pfanne und braten Sie die Kartoffelwürfel darin an. Vermischen Sie die Wurstwürfel mit den Kartoffeln und anschließend mit den Paprikastreifen. Würzen Sie mit Salz und Pfeffer und geben Sie das Aiwar dazu. Braten Sie alle Zutaten unter Rühren für etwa 2 Minuten. Füllen Sie sie zum Abkühlen in eine Schüssel um.

5 Nehmen Sie den Teig aus dem Kühlschrank und teilen Sie ihn in 3 gleich große Stücke. Rollen Sie die Stücke nacheinander auf einer bemehlten Arbeitsfläche etwa 2 Millimeter dick aus. Verarbeiten Sie immer erst ein Drittel und rollen dann das nächste aus. Stechen Sie 12 Kreise mit einem Durchmesser von etwa 13 Zentimetern und 12 Kreise mit einem Durchmesser von etwa 8 Zentimetern aus. Teigreste verkneten Sie immer mit dem nächsten Drittel des Teiges.

6 Geben Sie das Ei und die Milch in ein kleines Schälchen und verrühren Sie beides miteinander. Fetten Sie ein Muffinblech ein und belegen Sie die Mulden mit den großen Teigkreisen. Füllen Sie die Kartoffelmischung hinein und drücken Sie sie fest. Die Ränder des Teiges legen Sie zur Mitte um und streichen etwas von der Eiermilch darüber.

7 Nun legen Sie die kleinen Teigkreise darauf und drücken sie leicht an. Streichen Sie die übrige Eiermilch über die Teigstücke und stechen Sie jeweils 4 Löcher hinein. Heizen Sie den Backofen auf 200 °C mit Ober- und Unterhitze oder 175 °C mit Umluftfunktion vor und backen Sie den Teig für etwa 25 Minuten. Servieren Sie die Empanadas direkt aus dem Backofen.

PIMIENTO ASADO |

# EINGELEGTE GERÖSTETE PAPRIKA

2 Port. | 1 Std. | Leicht

**Zutaten**

1 Paprika, rot
1 Knoblauchzehe
2 EL Olivenöl
1 TL Olivenöl
3 EL Zitronensaft
1 TL Petersilie, getrocknet
Salz & Pfeffer, nach Belieben

**Nährwerte p. P.**

*201 kcal*
*11 g Kohlenhydrate*
*16 g Fett*
*3 g Eiweiß*

1 Waschen Sie die Paprika ab und reiben Sie sie mit einem Teelöffel Olivenöl ein. Legen Sie sie auf ein mit Backpapier ausgelegtes Blech und heizen Sie den Backofen auf 200 °C mit Umluftfunktion vor. Garen Sie die Paprika für etwa 30 Minuten. Die Haut soll anrösten und Blasen werfen.

2 In der Zwischenzeit pellen Sie den Knoblauch und hacken ihn in feine Stücke. Geben Sie 2 Esslöffel Olivenöl in eine Schale und vermischen Sie es mit den Knoblauchstücken. Rühren Sie die Petersilie und den Zitronensaft dazu und würzen Sie die Marinade mit Salz und Pfeffer.

3 Nach der Garzeit nehmen Sie die Paprika auf dem Ofen und stellen sie mit dem Backpapier abgedeckt zum Abkühlen beiseite. Anschließend entfernen Sie die Haut und die Kerne und schneiden sie in dicke Streifen. Legen Sie die Paprikastücke in die Marinade und würzen Sie nach Belieben noch einmal mit Salz und Pfeffer.

BOQUERONES |

# FRITTIERTE SARDELLEN

2 Port. 30 Min. Leicht

**Zutaten**

500 g Sardellen, küchenfertig
1 Zitrone, unbehandelt
Mehl, nach Belieben
Olivenöl, nach Belieben
Aioli, nach Belieben (Rezept in diesem Kochbuch)

**Nährwerte p. P.**

*658 kcal*
*8 g Kohlenhydrate*
*37 g Fett*
*74 g Eiweiß*

1 Geben Sie das Mehl auf einen Teller und wenden Sie die Sardellen darin. Klopfen Sie eventuell überschüssiges Mehl wieder ab.

2 Erhitzen Sie eine zum Frittieren ausreichende Menge Olivenöl in einer hohen Pfanne. Geben Sie die panierten Sardellen hinein und frittieren Sie sie, bis sie eine goldgelbe Farbe angenommen haben.

3 In der Zwischenzeit schneiden Sie die Zitrone in Scheiben oder Spalten. Nach dem Frittieren entfetten Sie die Sardellen auf einem Stück Küchenpapier und richten sie anschließend auf einer Servierplatte an. Garnieren Sie die Speise mit den Zitronenscheiben/-spalten und servieren Sie die Aioli dazu.

## CHURRO |

# FRITTIERTER BRANDTEIG

6 Port. 45 Min. Leicht

**Zutaten**

200 g Mehl
250 ml Wasser
60 g Butter
50 g Puderzucker
4 Eier
1 Prise Salz
1 Liter Öl zum Frittieren

**Nährwerte p. P.**

*266 kcal*
*32 g Kohlenhydrate*
*12 g Fett*
*6 g Eiweiß*

1 Füllen Sie das Wasser in einen Topf und geben Sie die Butter dazu. Kochen Sie beides einmal auf, bis die Butter geschmolzen ist. Würzen Sie die Flüssigkeit mit Salz.

2 Geben Sie nach und nach das Mehl in das Wasser. Rühren Sie die Masse ständig um, bis sich der Teig vom Topf löst.

3 Füllen Sie den Teig zum Abkühlen in eine Schüssel. Nach dem Abkühlen verrühren Sie nacheinander die Eier im Teig.

4 Gießen Sie das Öl in einen Topf und erhitzen Sie es auf etwa 180 °C. Alternativ können Sie auch eine Fritteuse verwenden. Füllen Sie den Teig in einen Spritzbeutel mit Sterntülle.

5 Setzen Sie nun mit dem Spritzbeutel lange Streifen in das heiße Fett. Frittieren Sie sie für etwa 2 Minuten und nehmen Sie sie dann mit einer Schaumkelle heraus. Zum Entfetten und Abkühlen legen Sie die Churros auf ein Stück Küchenpapier.

6 Zum Servieren bestreuen Sie das Gebäck mit Puderzucker.

# DATTELN IM SPECKMANTEL

2 Port. | 30 Min. | Leicht

**Zutaten**

200 g Speck (Kochspeck)
1 Pck. spanische Datteln (ca. 16 Stck.)
16 Holzspieße

**Nährwerte p. P.**

*646 kcal*
*0 g Kohlenhydrate*
*68 g Fett*
*0 g Eiweiß*

1 Nehmen Sie die Datteln aus der Verpackung und wickeln Sie jede einzelne in dünne Speckscheiben ein. Heizen Sie den Backofen auf 180 °C mit Umluftfunktion vor.

2 Belegen Sie ein Blech mit Backpapier und verteilen Sie die eingewickelten Datteln darauf. Backen Sie sie für etwa 5 bis 10 Minuten, bis der Speck knusprig wird.

3 Anschließend stecken Sie in jede Dattel einen Holzspieß. Zum Servieren richten Sie den Snack auf einem Teller an.

# TORTILLAS

12 Port. | 1 Std. | Leicht

**Zutaten**

750 g Mehl
100 ml Öl
300 ml Wasser
1 TL Salz

**Nährwerte p. P.**

*279 kcal*
*44 g Kohlenhydrate*
*8 g Fett*
*6 g Eiweiß*

1 Geben Sie alle Zutaten in eine Rührschüssel und verkneten Sie sie zu einem glatten Teig. Decken Sie die Schüssel ab und stellen Sie sie für etwa 30 Minuten beiseite.

2 Bereiten Sie eine Arbeitsfläche mit Mehl vor. Teilen Sie den Teig in 12 gleich große Stücke. Rollen Sie jedes einzelne Teigstück so dünn wie möglich aus.

3 Erhitzen Sie eine beschichtete Pfanne ohne Fettzugabe und braten Sie die Teigfladen kurz von beiden Seiten an. Wenn der Teig anfängt, Blasen zu werfen, ist die Tortilla fertig.

4 Zur weiteren Verarbeitung sollten Sie die Tortillas nicht aushärten lassen. So können Sie sie besser mit einer entsprechenden Füllung einrollen.

# EINGELEGTE SARDINEN

4 Port. | 8,5 Std. | Leicht

**Zutaten**

500 g Sardinen, küchenfertig
100 ml Weißweinessig
4 Knoblauchzehen
1 Zitrone, unbehandelt
4 EL Petersilie
4 EL Olivenöl
Je 1 Prise Salz & Pfeffer, schwarz

**Nährwerte p. P.**

*263 kcal*
*2 g Kohlenhydrate*
*16 g Fett*
*27 g Eiweiß*

1 Spülen Sie die Petersilie ab und hacken Sie sie in kleine Stücke. Schneiden Sie die Zitrone in Viertel. Pellen Sie den Knoblauch und schneiden Sie ihn in kleine Stücke. Entfernen Sie die Gräten aus den Sardinen und drücken Sie sie vorsichtig flach. Verteilen Sie die Fische mit der Hautseite nach unten auf einer tiefen Platte oder in einer Auflaufform. Bestreuen Sie die Sardinen mit dem Salz.

2 Verteilen Sie die Knoblauchstücke und die Petersilie über den Sardinen. Gießen Sie den Weißweinessig in die Form, bis alle Zutaten bedeckt sind. Stellen Sie die Form am besten über Nacht zum Marinieren in den Kühlschrank.

3 Nach der Marinierzeit gießen Sie die Marinade ab. Tupfen Sie die Sardinen mit einem Stück Küchenpapier trocken und richten Sie sie auf einer Servierplatte an. Würzen Sie sie mit Salz und Pfeffer und träufeln Sie das Olivenöl darüber. Garnieren Sie die Speise mit den Zitronenspalten.

# Desserts/Kuchen

# GATÓ DE ALMENDRA | MANDELKUCHEN

12 Port. | 1 Std. 15 Min. | Leicht

**Zutaten**

300 g Mandeln, gemahlen
250 g Zucker
30 g Mandeln, ganz + ohne Haut
1 Pck. Bourbon-Vanillezucker
8 Eier
Je 1 Zitrone & Orange, die abgeriebene Schale
1 TL Zimt
Puderzucker zum Bestäuben

**Nährwerte p. P.**

*310 kcal*
*23 g Kohlenhydrate*
*19 g Fett*
*10 g Eiweiß*

1 Heizen Sie den Backofen auf 175 °C mit Ober- und Unterhitze oder 150 °C mit Umluftfunktion vor. Fetten Sie eine Springform ein und trennen Sie die Eier.

2 Geben Sie das Eigelb in eine Schüssel und vermischen Sie es mit dem Zucker und dem Vanillezucker. Rühren Sie die Zutaten so lange, bis eine cremige Masse entsteht.

3 Rühren Sie die gemahlenen Mandeln, den Zimt, die Zitronenschale sowie die Orangenschale unter die Masse. Schlagen Sie das Eiweiß zu einem steifen Schnee und heben Sie es vorsichtig unter die Eigelb-Mandel-Masse.

4 Füllen Sie den Teig in die Springform und streichen Sie ihn glatt. Backen Sie den Teig für etwa 50 bis 60 Minuten. Prüfen Sie nach 50 Minuten mit einem Holzstäbchen, ob der Kuchen durchgegart ist. Wenn nicht, backen Sie ihn für weitere 10 Minuten. Länger sollte der Backvorgang nicht dauern, da der Kuchen sonst austrocknet. Eventuell decken Sie den Kuchen für die letzten 5 bis 10 Minuten mit einem Stück Alufolie ab.

5 Während des Backens hacken Sie die Mandelkerne in grobe Stücke und rösten sie in einer Pfanne ohne Fettzugabe. Anschließend nehmen Sie sie zum Abkühlen heraus.

6 Nehmen Sie den Kuchen aus dem Ofen und lösen Sie vorsichtig den Rand der Springform. Nach dem Abkühlen lösen Sie den Kuchen vom Boden und richten ihn auf einem Kuchenteller an. Streuen Sie den Puderzucker darüber und verteilen Sie die gerösteten Mandelstücke auf dem Kuchen.

# GEBRANNTE MANDELCREME

6 Port. 40 Min. Mittel

**Zutaten**

**Mandelcreme:**
150 g Mandelblättchen
100 g Zucker
100 g Speisestärke
1.750 ml Milch
12 Eigelbe
1 Zitrone, die abgeriebene Schale
4 EL Mandelsirup
6 EL Zucker
4 EL Weinbrand

**Feigen:**
6 Feigen, reif
2 Stiele Minze
2 EL Zitronensaft, von der obigen Zitrone
3 EL Sherry, lieblich

**Nährwerte p. P.**

*502 kcal*
*76 g Kohlenhydrate*
*14 g Fett*
*11 g Eiweiß*

1 Erhitzen Sie eine Pfanne ohne Fettzugabe und rösten Sie die Mandelblättchen darin an. Füllen Sie die Milch in einen Topf und kochen Sie sie kurz auf. Anschließend geben Sie die gerösteten Mandeln hinein und stellen den Topf für 1 Stunde zum Ziehen beiseite. Nach der Ziehzeit gießen Sie die Milch durch ein Sieb in eine Schüssel.

2 Füllen Sie 1 Liter der Mandelmilch in eine andere Schüssel und mischen Sie den Zucker und die Eigelbe dazu. Die übrige Mandelmilch vermischen Sie mit der Stärke, dem Mandelsirup, dem Weinbrand und der Zitronenschale.

3 Füllen Sie die Eier-Mandelmilch in einen Topf und erhitzen Sie sie unter ständigem Rühren. Geben Sie die Stärke-Mandelmilch dazu und erhitzen Sie alles unter Rühren bei mittlerer Temperatur. Die Mischung soll nicht mehr kochen, aber zu einer dicklichen Creme werden. Nehmen Sie den Topf vom Herd und stellen Sie ihn in ein kaltes Wasserbad, um ein Gerinnen der Creme zu verhindern. Anschließend verteilen Sie die Mandelcreme auf 6 feuerfeste Förmchen und stellen sie zum Abkühlen beiseite.

4 Währenddessen waschen Sie die Feigen und schneiden sie in Spalten. Geben Sie sie in eine Schüssel und füllen Sie den Sherry und den Zitronensaft dazu. Vermischen Sie die Minzblätter darin und stellen Sie die Schüssel für etwa 30 Minuten beiseite.

5 Zum Servieren halten Sie ein vorgeheiztes Küchenbrenneisen bereit. Bestreuen Sie die Förmchen mit jeweils 1 Esslöffel Zucker und halten das Brenneisen dicht an den Zucker heran, damit er karamellisiert. Reichen Sie zur Mandelcreme die eingelegten Feigenstücke.

**Tipp:** Statt eines Küchenbrenneisens können Sie auch einen kleinen Bunsenbrenner verwenden.

NATILLA |

# SPANISCHER PUDDING

8 Port. 45 Min. Leicht

**Zutaten**

1 Liter Milch
25 g Maisstärke
1 Zimtstange
7 Eigelbe
1 Zitrone, die abgeschälte Schale
130 g Zucker
8 Butterkekse, möglichst runde spanische
Zimtpulver zum Bestreuen

**Nährwerte p. P.**

*265 kcal*
*31 g Kohlenhydrate*
*12 g Fett*
*7 g Eiweiß*

1 Gießen Sie die Milch in einen Topf und fügen Sie die Zitronenschale und die Zimtstange bei. Kochen Sie die Milch einmal auf und nehmen Sie sie anschließend von der Kochstelle. Nehmen Sie die Schale und die Zimtstange heraus.

2 In der Zwischenzeit verrühren Sie das Eigelb mit dem Zucker und der Stärke. Füllen Sie die Mischung unter ständigem Rühren mit einem Schneebesen in die heiße Milch.

3 Stellen Sie den Topf wieder auf die Kochstelle und köcheln Sie die Milchmischung bei niedriger Temperatur und Rühren weiter, bis die Speise sämig wird. Sobald der Schneebesen sichtbare Spuren im Pudding hinterlässt, nehmen Sie den Topf von der Kochstelle und füllen den Pudding in Schälchen. Legen Sie je Schälchen einen Keks auf die Oberfläche des Puddings.

4 Nach dem Abkühlen stellen Sie die Schälchen in den Kühlschrank. Vor dem Servieren streuen Sie etwas Zimt über den inzwischen aufgeweichten Keks.

# SPANISCHE MILCH

20 Port. 45 Min. Leicht

**Zutaten**

375 ml Milch
250 g Paniermehl
100 g Butter
140 g Mehl
160 g Zucker
3 Eier
1 Ei zum Eintauchen
Mehl zum Wenden nach Bedarf
1 Zitrone, die abgeriebene Schale
3 EL Puderzucker
1 EL Öl zum Bestreichen
500 ml Öl zum Frittieren

**Nährwerte p. P.**

*175 kcal*
*25 g Kohlenhydrate*
*7 g Fett*
*4 g Eiweiß*

1 Gießen Sie die Milch in einen Topf und fügen Sie die Zitronenschale dazu. Kochen Sie die Milch kurz auf.

2 Erhitzen Sie die Butter in einem Topf. Streuen Sie unter Rühren das Mehl dazu und rösten Sie beides kurz an. Verrühren Sie nun mit einem Schneebesen den Zucker darin und füllen Sie anschließend die heiße Milch dazu. Kochen Sie die Mischung unter Rühren kurz auf und nehmen Sie sie dann von der Kochstelle.

3 Nun verrühren Sie die Eier in der Milchmischung und streichen die Masse etwa 2 Zentimeter hoch auf eine hitzebeständige Platte. Bestreichen Sie die Oberfläche mit dem Öl und stellten Sie die Platte zum Abkühlen beiseite.

4 Nach dem Abkühlen schneiden Sie die Masse in etwa 20 quadratförmige Stücke. Geben Sie das Mehl auf einen flachen Teller und das Paniermehl auf einen zweiten flachen Teller. Verquirlen Sie das Ei in einem tiefen Teller.

5 Wenden Sie jedes ausgeschnittene Quadratteil erst im Mehl, dann im Ei und anschließend im Paniermehl.

6 Erhitzen Sie das Öl in einer hohen Pfanne und frittieren Sie die Quadrate von beiden Seiten, bis sie eine goldgelbe Farbe angenommen haben. Geben Sie sie zum Entfetten auf ein Stück Küchenpapier und wenden Sie sie noch heiß im Puderzucker.

# SPANISCHE VANILLECREME

4 Port. | 2 Std. 45 Min. | Leicht

**Zutaten**

400 g Himbeeren
70 g Zucker
550 ml Sahne
3 EL Puderzucker
3 EL Portwein
1 Vanilleschote
4 Blatt Gelatine
etwas Wasser zum Einweichen

**Nährwerte p. 100 g**

*211 kcal*
*14 g Kohlenhydrate*
*15 g Fett*
*2 g Eiweiß*

1 Schneiden Sie die Vanilleschote auf und kratzen Sie das Mark heraus. Geben Sie es in einen Topf und vermischen Sie es mit der Sahne und dem Zucker. Legen Sie die Vanilleschote ebenfalls hinein. Kochen Sie die Flüssigkeit unter Rühren auf und reduzieren Sie anschließend die Temperatur auf die niedrigste Stufe. Köcheln Sie die Sahne für etwa 10 Minuten und rühren Sie zwischendurch um. Holen Sie die Schote wieder heraus und stellen Sie den Topf zum Abkühlen beiseite.

2 Füllen Sie etwas Wasser in ein Schälchen und weichen Sie die Gelatine darin für etwa 10 Minuten ein. Anschließend drücken Sie das Wasser heraus und geben sie in die noch warme Sahnemischung. Verrühren Sie die Gelatine, bis sie sich aufgelöst hat. Verteilen Sie die Masse gleichmäßig auf Soufflé-Förmchen und stellen Sie sie für etwa 2 Stunden in den Kühlschrank.

3 Währenddessen säubern Sie die Himbeeren und streichen sie durch ein Sieb in eine Schüssel. Verrühren Sie den Portwein und den Puderzucker mit dem Himbeerpüree. Richten Sie es als "Himbeerspiegel" auf Desserttellern an und stürzen Sie die kalte Vanillecreme darauf.

# ORANGENGRATIN

3 Port. | 30 Min. | Leicht

**Zutaten**

4 Orangen
1 Becher Crème fraîche
1 Pck. Vanillezucker
40 ml Grand Marnier (Likör)
1 EL Zucker
4 EL Pistazien, gehackt

**Nährwerte p. P.**

*394 kcal*
*26 g Kohlenhydrate*
*28 g Fett*
*7 g Eiweiß*

1 Heizen Sie den Backofen auf 220 °C mit Umluftfunktion vor. Schälen Sie die Orangen und schneiden Sie sie in Scheiben. Verteilen Sie die Scheiben in einer Auflaufform, sodass alle nebeneinanderliegen.

2 Verteilen Sie den Zucker über den Orangenscheiben. Anschließend träufeln Sie großzügig den Grand Marnier darüber. Nun verteilen Sie die Pistazien über den Orangenscheiben.

3 Gießen Sie die Crème fraîche über die Zutaten und streuen Sie den Vanillezucker darüber. Schieben Sie die Auflaufform auf die oberste Schiene Ihres Backofens und überbacken Sie die Speise, bis sie eine goldbraune Farbe angenommen hat.

**Tipp:** Die gratinierten Orangenscheiben können Sie mit anderen Desserts kombinieren.

# ORANGENKUCHEN

12 Port. | 1,5 Std. | Leicht

**Zutaten**

275 g Mehl
250 g Zucker
100 g Butter
110 g griechischer Joghurt
3 Eier
2 TL Backpulver
1 Orange
1 Orange, den Saft davon für die Marinade
100 g Zucker für die Marinade

**Nährwerte p. P.**

*294 kcal*
*48 g Kohlenhydrate*
*9 g Fett*
*4 g Eiweiß*

1 Heizen Sie den Backofen auf 175 °C mit Ober- und Unterhitze vor und fetten Sie eine Kastenform ein.

2 Geben Sie die Butter und den Zucker in eine Schüssel und verrühren Sie beides zu einer schaumigen Masse. Vermischen Sie nach und nach die Eier darunter und rühren Sie langsam das Mehl mit dem Backpulver hinzu.

3 Schälen Sie die Orange und pürieren Sie sie zu einer feinen Masse. Vermischen Sie das Orangenmus mit dem Joghurt und heben es anschließend unter den Teig. Füllen Sie den Teig in die Kastenform und backen Sie ihn für etwa 50 bis 60 Minuten auf der mittleren Schiene.

4 Nach der Backzeit stellen Sie den Kuchen kurz beiseite. Währenddessen pressen Sie die Orange aus und füllen den Saft in einen Topf. Verrühren Sie ihn mit dem Zucker und kochen ihn kurz auf. Stellen Sie die Temperatur herab und reduzieren den Saft zu einer sämigen Marinade. Verteilen Sie ihn dann sofort auf dem noch warmen Kuchen.

# Getränke

# SPANISCHE SANGRIA | WEINGETRÄNK

4 Port. | 2 Std. 20 Min. | Leicht

**Zutaten**

150 ml Orangensaft
50 ml Orangenlikör
1 Flasche Rotwein
12 Scheiben Orangen
Zitronenscheiben, nach Belieben
1 TL Zucker
1 Prise Zimt

**Nährwerte p. P.**

*259 kcal*
*20 g Kohlenhydrate*
*1 g Fett*
*2 g Eiweiß*

1 Füllen Sie den Rotwein in eine Glaskaraffe und rühren Sie den Orangensaft sowie den Orangenlikör dazu. Würzen Sie das Getränk mit Zucker und Zimt.

2 Nun geben Sie die Orangenscheiben und nach Belieben die Zitronenscheiben dazu. Decken Sie die Karaffe ab und stellen Sie sie für mindestens 2 Stunden in den Kühlschrank.

**Tipp:** Alle Zutaten sollten vor der Zubereitung kalt sein. Sie können die Sangria mit Mineralwasser mischen, damit der Alkoholgehalt sinkt. Wenn Sie mehr Orangensaft zufügen, wird die Sangria fruchtiger.

LLET DE AMETLLA |

# MALLORQUINISCHE MANDELMILCH

4 Port. 20 Min. Leicht

**Zutaten**

30 g Zucker
250 g Mandeln, geschält
1 Zimtstange
1 Liter Wasser

**Nährwerte p. P.**

*437 kcal*
*14 g Kohlenhydrate*
*35 g Fett*
*13 g Eiweiß*

1 Geben Sie die Mandeln in einen Multizerkleinerer und mahlen Sie sie so fein wie möglich. Währenddessen füllen Sie nach und nach das Wasser hinzu. Anschließend füllen Sie die Masse in einen Topf und fügen die Zimtstange und den Zucker bei. Köcheln Sie die Zutaten bei niedriger Temperatur für etwa 10 Minuten.

2 Stellen Sie den Topf zum Abkühlen beiseite. Anschließend verteilen Sie die Mandelmilch auf Gläser.

**Tipp:** Sie können der Mandelmilch auch nach Belieben etwas Likör zugeben.

CALIMOCHO |

# COLA-ROTWEIN-GETRÄNK

1 Port. 5 Min. Leicht

**Zutaten**

150 ml Rotwein, trocken
150 ml Cola
2 Scheiben Zitrone
einige Minzblätter
Eiswürfel

**Nährwerte p. P.**

*169 kcal*
*19 g Kohlenhydrate*
*0 g Fett*
*1 g Eiweiß*

1 Geben Sie den Rotwein und die Cola in ein Glas und verrühren Sie beides miteinander.

2 Geben Sie die Zitronenscheiben dazu und füllen Sie nach Belieben Eiswürfel hinein. Garnieren Sie das Getränk mit den Minzblättern.

# RUM-KAKAO-GETRÄNK

2 Port. | 20 Min. | Leicht

**Zutaten**

50 g Vollmilchschokolade
400 ml Milch
80 ml Rum
2 EL Kakaopulver
Schlagsahne, nach Belieben

**Nährwerte p. P.**

*464 kcal*
*24 g Kohlenhydrate*
*22 g Fett*
*10 g Eiweiß*

1 Füllen Sie die Milch in einen Topf und kochen Sie sie kurz auf. In der Zwischenzeit hacken Sie die Schokolade in kleine Stücke und geben sie zum Schmelzen in die Milch. Rühren Sie das Kakaopulver hinzu. Zum Schluss verrühren Sie den Rum in der Schokoladenmilch.

2 Füllen Sie das Getränk in 2 Gläser und garnieren Sie es nach Belieben mit Schlagsahne.

TINTO DE VERANO |

# WEIN-GETRÄNK

6 Port. 10 Min. Leicht

**Zutaten**

1 Flasche Zitronenlimonade
1 Flasche Rotwein
1 Zitrone, unbehandelt
1 Orange, unbehandelt
Wermut, nach Belieben
Eiswürfel, nach Belieben

**Nährwerte p. P.**

*167 kcal*
*18 g Kohlenhydrate*
*0 g Fett*
*1 g Eiweiß*

1 Alle Zutaten sollten vor der Verarbeitung gut gekühlt sein. Schneiden Sie die Orange und die Zitrone in Scheiben. Geben Sie zunächst die Eiswürfel in eine Karaffe. Diese kann gerne bis zur Hälfte damit gefüllt werden.

2 Füllen Sie anschließend den Wein und die Zitronenlimonade hinein. Nach Belieben verrühren Sie jetzt einen Schuss Wermut in der Flüssigkeit.

3 Nun geben Sie die Orangen- und Zitronenscheiben dazu. Verrühren Sie alle Zutaten mit einem langen Löffel miteinander.

# Soßen, Aufstriche, Cremes & Dips

# ORANGEN-CHILI-MAYONNAISE

4 Port. 15 Min. Leicht

**Zutaten**

150 ml Olivenöl
2 Eigelbe
1 Knoblauchzehe
1 Orange, unbehandelt
1 TL Senf
½ Chilischote, rot
1 Prise Vanillezucker
1 Prise Salz

**Nährwerte p. P.**

*393 kcal*
*4 g Kohlenhydrate*
*41 g Fett*
*2 g Eiweiß*

1 Geben Sie das Eigelb in eine Schüssel und verrühren Sie den Senf darin. Gießen Sie nach und nach unter Rühren das Olivenöl dazu. Sie können dafür ein Handrührgerät verwenden. Es soll eine cremige Masse entstehen. Würzen Sie die Mayonnaise mit Salz.

2 Reiben Sie die Schale der Orange fein ab. Anschließend halbieren Sie sie und pressen den Saft aus einer Orangenhälfte heraus. Rühren Sie die Schale und den Saft unter die Mayonnaise.

3 Pellen Sie den Knoblauch und pressen Sie ihn in die Mayonnaise. Säubern Sie die Chilischote, zerdrücken Sie sie und mischen Sie sie unter die Mayonnaise. Schmecken Sie den Dip mit Salz und Vanillezucker ab. Bis zum Servieren bewahren Sie sie im Kühlschrank auf.

**Tipp:** Die Zutaten sollten alle die gleiche Temperatur haben, damit die Mayonnaise nicht gerinnt.

# OLIVENPESTO

6 Port. | 15 Min. | Leicht

**Zutaten**

4 ½ EL Olivenöl
150 g Oliven, grün + ohne Stein
4 Knoblauchzehen
50 g Parmesan am Stück
2 TL Orangenmarmelade
Salz & Pfeffer, nach Belieben

**Nährwerte p. P.**

*185 kcal*
*6 g Kohlenhydrate*
*16 g Fett*
*3 g Eiweiß*

1 Pellen Sie den Knoblauch und geben Sie ihn zum Zerkleinern in einen Multizerkleinerer. Füllen Sie ihn in eine Schüssel.

2 Geben Sie die Oliven, den Parmesan und die Orangenmarmelade in Portionen in den Zerkleinerer und anschließend zum Knoblauch in die Schüssel. Vermischen Sie alle Zutaten mit 3 Esslöffeln Olivenöl zu einer cremigen Masse und würzen Sie sie nach Belieben mit Salz und Pfeffer.

3 Füllen Sie das Pesto in ein gut verschließbares Gefäß und geben Sie das übrige Olivenöl darauf. So hält es sich länger.

# AIWAR

1 kg | 1 Std. 35 Min. | Leicht

**Zutaten**

1 kg Paprika, rot
1 Peperoni, getrocknet
250 g Aubergine
2 Knoblauchzehen
1 EL Basilikum, frisch gehackt
4 EL Olivenöl
Salz & Pfeffer, nach Belieben

**Nährwerte p. P.**

*613 kcal*
*40 g Kohlenhydrate*
*43 g Fett*
*15 g Eiweiß*

1 Heizen Sie den Backofen auf 220 °C mit Oberhitze oder Grillfunktion vor. Säubern Sie die Paprika und schneiden Sie sie in Viertel. Verteilen Sie die Viertelstücke auf einem mit Backpapier ausgelegten Blech. Die Hautseite muss nach oben zeigen. Backen Sie sie auf der mittleren Schiene, bis die Haut der Paprika schwarz wird und Blasen wirft. Dieser Vorgang sollte etwa 15 Minuten dauern. Anschließend nehmen Sie die Paprikaviertel aus dem Ofen und decken ein feuchtes Küchentuch darüber.

2 Reduzieren Sie die Temperatur des Backofens auf 180 °C mit Ober- und Unterhitze. Schälen Sie die Aubergine und schneiden Sie sie in Scheiben. Belegen Sie das Blech mit einem neuen Stück Backpapier und verteilen Sie die Auberginenscheiben darauf. Backen Sie sie auf der mittleren Schiene für etwa 20 Minuten.

3 In der Zwischenzeit entfernen Sie die Haut von den Paprikavierteln und schneiden das Fruchtfleisch in Würfel. Hacken Sie die Peperoni in kleine Stücke. Pellen Sie den Knoblauch und schneiden Sie ihn ebenfalls in kleine Würfel. Nach dem Abkühlen der Auberginenscheiben schneiden Sie auch diese in kleine Würfel.

4 Erhitzen Sie das Olivenöl in einer Pfanne und dünsten Sie die Knoblauchwürfel darin an. Geben Sie die Paprikawürfel, die Auberginenwürfel und die Peperoniwürfel dazu und vermischen Sie alles miteinander. Garen Sie die Zutaten bei niedriger Temperatur für etwa 30 Minuten.

5 Anschließend pürieren Sie sie grob durch und würzen alles nach Belieben mit Pfeffer und Salz und mischen das Basilikum darunter. Nun füllen Sie das Aiwar sofort in gut verschließbare Gläser um. Schrauben Sie sie zu und stellen Sie sie zum Abkühlen beiseite.

# KNOBLAUCHCREME

12 Port. 4,5 Std. Leicht

**Zutaten**

4 EL Olivenöl
5 Knoblauchknollen

**Nährwerte p. P.**

*104 kcal*
*12 g Kohlenhydrate*
*5 g Fett*
*3 g Eiweiß*

1 Pellen Sie die einzelnen Knoblauchzehen und verteilen Sie sie in einem Topf. Sie sollen alle nebeneinanderliegen, nicht übereinanderstapeln. Geben Sie das Olivenöl dazu und vermischen Sie es mit dem Knoblauch.

2 Erhitzen Sie den Knoblauch mit der niedrigsten Temperatureinstellung. Garen Sie ihn für mindestens 4 Stunden. Kontrollieren Sie zwischendurch, ob der Knoblauch gar ist. Anschließend stellen Sie den Topf zum Abkühlen beiseite.

3 Nach dem Abkühlen pürieren Sie den Knoblauch zu einer cremigen Masse. Füllen Sie ihn in ein gut verschließbares Gefäß und achten Sie darauf, dass eine Olivenölschicht die Creme bedeckt. So hält sich die Knoblauchcreme für bis zu 3 Wochen im Kühlschrank.

**Tipp:** Mit der Knoblauchcreme können Sie Butter aromatisieren und Eintöpfe, Fleisch und Dips würzen.

## SOFRITO |

# PAPRIKA-TOMATEN-SOßE

8 Port. 30 Min. Leicht

**Zutaten**

1 kg Spitzpaprika, grün
5 kg Tomaten
4 Knoblauchzehen
4 EL Olivenöl
1 EL Salz
1 EL Zucker, braun
1 TL Pfeffer, schwarz
1 TL Paprikapulver, edelsüß

**Nährwerte p. P.**

*240 kcal*
*27 g Kohlenhydrate*
*9 g Fett*
*8 g Eiweiß*

1 Säubern Sie die Tomaten und schneiden Sie sie zur Hälfte durch. Reiben Sie sie mit der Schnittfläche beginnend in eine Schüssel. Übrig bleibt die Schale der Tomaten.

2 Pellen Sie den Knoblauch und hacken Sie ihn in feine Stücke. Säubern Sie die Paprika und schneiden Sie sie in kleine Stücke.

3 Erhitzen Sie 2 Esslöffel Olivenöl in einer hohen Pfanne und dünsten Sie den Knoblauch darin an. Geben Sie die geriebenen Tomaten dazu und vermischen Sie alles miteinander. Würzen Sie mit Salz, Pfeffer und Paprikapulver und fügen Sie die Paprikastücke hinzu. Verrühren Sie alle Zutaten und legen Sie einen Deckel auf die Pfanne. Köcheln Sie alles bei mittlerer Temperatur für etwa 1 Stunde.

4 Anschließend verrühren Sie den Zucker in der Soße und stellen die Pfanne zum Abkühlen beiseite. Pürieren Sie die Zutaten oder zerdrücken Sie sie mit einem Kartoffelstampfer. Anschließend füllen Sie die Soße in gut verschließbare Einkochgläser ab und verteilen das übrige Olivenöl auf die Oberflächen. Nun verschließen Sie die Gläser.

5 Platzieren Sie die Gläser in einem Topf und füllen Sie so viel Wasser auf, dass es fast bis zum Deckel der Gläser reicht. Kochen Sie das Wasser mit den Gläsern auf und anschließend kochen Sie sie bei mittlerer Temperatur für etwa 20 Minuten. Danach stellen Sie den Topf zum Abkühlen beiseite.

6 Durch den Kochvorgang bildet sich ein Vakuum in den Gläsern. Bei anschließend dunkler und kühler Lagerung können Sie die Soße bis zu einem Jahr aufbewahren.

**Tipp:** Das Sofrito wird zum Würzen von Eintöpfen und bei vielen weiteren spanischen Gerichten verwendet.

# MALLORQUINISCHES AIOLI

4 Port. | 30 Min. | Leicht

**Zutaten**

100 ml Milch
300 ml Sonnenblumenöl
3 Knoblauchzehen
Salz & Pfeffer, nach Belieben

**Nährwerte p. P.**

*641 kcal*
*3 g Kohlenhydrate*
*69 g Fett*
*1 g Eiweiß*

1 Bei der Zubereitung von Aioli sollten alle Zutaten Zimmertemperatur haben. Pellen Sie zunächst den Knoblauch und geben Sie ihn in eine Schüssel. Fügen Sie die Milch und eine kleine Menge des Sonnenblumenöls hinzu und pürieren Sie alles mit einem Mixer oder Pürierstab.

2 Anschließend geben Sie nach und nach das übrige Sonnenblumenöl dazu. Mixen Sie die Zutaten so lange, bis eine cremige Masse entsteht. Nun schmecken Sie den Dip mit Salz und Pfeffer ab.

**Tipp:** In mallorquinischen Restaurants wird das Aioli ohne Ei zubereitet, da sonst eine Salmonellengefahr droht. Ohne das Ei können Sie den Dip bis zu einer Woche im Kühlschrank lagern.

## ALMOGROTE PICANTE |

# TOMATEN-FETAKÄSE-DIP

6 Port. | 20 Min. | Leicht

**Zutaten**

250 g Fetakäse
1 Tomate, groß
200 ml Olivenöl
7 Knoblauchzehen
2 EL Sojasoße
1 EL Paprikapulver, rosenscharf
1 Prise Chiliflocken
Je 1 Prise Salz & Pfeffer

**Nährwerte p. P.**

*423 kcal*
*4 g Kohlenhydrate*
*41 g Fett*
*8 g Eiweiß*

1 Überbrühen Sie die Tomate mit heißem Wasser und entfernen Sie die Haut. Schneiden Sie sie anschließend in grobe Stücke. Pellen Sie den Knoblauch und schneiden Sie ihn in grobe Stücke. Zerbröseln Sie den Fetakäse in grobe Teile.

2 Geben Sie die Tomatenstücke, den Knoblauch, den Fetakäse und das Paprikapulver sowie die Chiliflocken in ein hohes Gefäß und mixen oder pürieren Sie die Zutaten. Würzen Sie die Masse mit Salz und Pfeffer.

3 Nun verrühren Sie nach und nach das Olivenöl und die Sojasoße in der Mischung, bis ein geschmeidiger Dip entstanden ist.

CREMA DE AGUACATES |

# AVOCADO-DIP

4 Port. | 1,5 Std. | Leicht

**Zutaten**

2 Avocados
2 Knoblauchzehen
1 Zwiebel
1 Schuss Sherry, trocken
1 Schuss Zitronensaft
1 Msp. Cayennepfeffer
Je 1 Prise Salz & Pfeffer, schwarz

**Nährwerte p. P.**

*282 kcal*
*2 g Kohlenhydrate*
*29 g Fett*
*3 g Eiweiß*

1 Schneiden Sie die Avocados zur Hälfte durch und entfernen Sie den Kern. Holen Sie das Fruchtfleisch mit einem Löffel aus der Schale und geben Sie es in eine Schüssel. Träufeln Sie den Zitronensaft darüber, damit die Avocado nicht braun wird.

2 Pellen Sie die Zwiebel und schneiden Sie sie in feine Stücke. Pellen Sie den Knoblauch und pressen Sie ihn in ein Schälchen.

3 Zerdrücken Sie nun mit einer Gabel das Avocadofruchtfleisch und rühren Sie währenddessen den Sherry dazu. Anschließend mischen Sie den Knoblauch und die Zwiebeln dazu. Würzen Sie alles mit Salz, Pfeffer und Cayennepfeffer. Stellen Sie den Dip für mindestens 1 Stunde zum Ziehen in den Kühlschrank.

# Mallorquinische Gewürzmischungen

# OLIVENSALZ

1 Port. | 1 Std. | Leicht

**Zutaten**

10 Oliven, schwarz + ohne Stein
75 g Meersalz, grob

**Nährwerte p. Glas**

*4 kcal*
*0 g Kohlenhydrate*
*1 g Fett*
*0 g Eiweiß*

1 Heizen Sie den Backofen auf 130 °C mit Umluftfunktion vor.

2 Verteilen Sie das Salz in einer ofenfesten Form oder auf einem mit Alufolie ausgelegten Backblech. Geben Sie die Oliven auf das Salz und schieben Sie die Form oder das Blech auf die mittlere Schiene des Backofens.

3 Trocknen Sie die Zutaten für etwa 60 Minuten. Achten Sie darauf, dass die Oliven nicht verbrennen, denn dies ist durch die schwarze Farbe schwer zu erkennen.

4 Anschließend geben Sie das Salz und die Oliven in einen Multizerkleinerer und zerhacken alles, bis Sie die gewünschte Konsistenz erreicht haben.

**Tipp:** Sie können das Olivensalz für Fleisch, Fisch, Salate, Tomaten oder Dressings verwenden.

# SPANISCHE GEWÜRZMISCHUNG FÜR FLEISCH

4 Port. 10 Min. Leicht

**Zutaten**

2 TL Knoblauchpulver
3 TL Cayennepfeffer, alternativ Chilipulver
1 TL Kreuzkümmel, gemahlen
1 TL Pfeffer, bunt gemahlen
1 TL Thymian, getrocknet
1 TL Meersalz

**Nährwerte p. P.**

*28 kcal*
*4 g Kohlenhydrate*
*1 g Fett*
*1 g Eiweiß*

1 Geben Sie alle Zutaten in einen Mörser und zerstoßen Sie sie zu einem feinen Pulver. Vermischen Sie alle Gewürze sorgfältig miteinander und füllen Sie es in ein gut verschließbares Gefäß.

2 Dieses Gewürz kann für Fleischspeisen, Aufläufe, Salate und vieles mehr verwendet werden.